상상하지 말라

상상하지 말라

그들이 말하지 않는 진짜 욕망을 보는 법

2015년 3월 20일   초판 1쇄 발행
2019년 5월 24일 개정판 1쇄 발행
2024년 9월 25일 개정판 11쇄 발행

지은이 송길영
펴낸이 김은경
펴낸곳 ㈜북스톤
주소 서울특별시 성동구 성수이로7길 30, 2층
대표전화 02-6463-7000
팩스 02-6499-1706
이메일 info@book-stone.co.kr
출판등록 2015년 1월 2일 제 2018-000078호

책값은 뒤표지에 있습니다. 잘못된 책은 구입처에서 바꿔드립니다.

북스톤은 세상에 오래 남는 책을 만들고자 합니다. 이에 동참을 원하는 독자 여러분의 아이디어와 원고를 기
다리고 있습니다. 책으로 엮기를 원하는 기획이나 원고가 있으신 분은 연락처와 함께 이메일 info@book-
stone.co.kr로 보내주세요. 돌에 새기듯, 오래 남는 지혜를 전하는 데 힘쓰겠습니다.

상상하지 말라

그들이 말하지 않는
진짜 욕망을 보는 법

송길영 지음

넥스톤

차례

제대로 관찰하기란 얼마나 어려운가

욕망을 바라보는 게 저의 직업입니다. 인간의 욕망을 이해하고 싶은 마음은 이 책을 펼친 여러분도 저 못지않을 테죠. 이제부터 사람들의 욕망을 이해하는 법을 하나씩 살펴보려 합니다.

그 전에 데이터를 하나 볼까요.

7쪽의 그래프는 미국의 범죄율을 나타낸 것입니다. 보시다시피 미국의 범죄율이 1990년대를 기점으로 확 꺾였죠. 폭력범죄, 재산형 범죄, 살인 할 것 없이 다 줄었습니다.

이처럼 급격한 변화 앞에서 자연스럽게 우리는 그 이유를 궁금해하게 됩니다.

하지만 이 궁금증이 진지한 의문일까요? 경찰이나 정책입안자가 아닌 다음에야 그저 가십 기사 읽는 듯 가벼운 관심을 보일

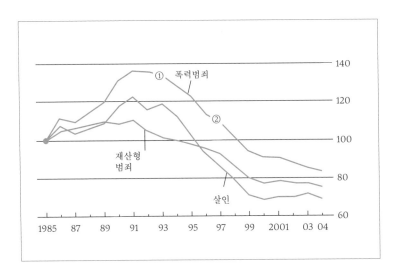

J. DonoHue & S. Levitt, 2001, "The Impact of Legalized Abortion on Crime."

뿐, 자기 일을 대하듯 열심히 들여다볼 생각은 하지 않을 것 같습니다.

그렇다면 한번 이 그래프가 여러분 회사의 매출이라 생각해 보시죠. 바야흐로 끔찍한 상상이 펼쳐질 겁니다. ① 지점쯤 됐을 때 대표이사가 잘립니다. ② 지점쯤에 이르면 오너는 회사를 팔고 싶어 하죠. 그런데 이미 안 팔립니다. 이런 추세인 줄 남들도 다 알아버렸으니까요.

설령 지금이 이와 같은 위기 단계가 아니더라도, 여러분의 회사에서 훌륭한 직원들이 3명쯤 동시에 그만둔다면 그때가 회사가 정점을 찍었을 때라고 보시면 틀리지 않을 것 같습니다. 어떤 오감이 작용했는지 모르지만, 여하튼 이들은 귀신같이 위기를 감지하고 재빨리 도망가거든요. 여러분도 가만히 계시면 안 됩니다. 회사의 성장곡선이 꺾이기 시작한 다음에는 이직을 하기 어려우니 그 전에 어떻게든 추세를 간파해 거취를 판단해야 합니다.

어떠신가요. 남의 나라 범죄율일 때에는 그저 그러려니 했던 것도, 나와 관련된 데이터라면 매우 잘 보입니다. 반면 나와 관련 없는 데이터라 생각하면 눈앞에 있는 사실도 보이지 않습니다. 그러니 데이터가 어떤 이야기를 알아서 들려주리라는 기대는 버리실 것을 당부합니다. 특히 회사에서 전략이나 기획 파트에 있는 분들은 데이터를 활용해 그럴듯한 플랫폼을 만들고 싶어 하는데, 경험상 그리 유용하지 않더군요. 빅데이터 TFT를 세우는 회사들은 흔히 자기네 비즈니스에 대한 거대한 컨트롤 센터 같은 것을 만들고 싶어 하지만 그런 것은 존재하지 않습니다. 만병통치약 같은 플랫폼은 없기 때문이죠.

그보다 데이터에서 건져야 할 것은 인과관계입니다. 앞서 보여드린 그래프를 접하고 미국 사회가 세운 가설은 '실업률 감소' 혹은 '총기취득규정 강화' 같은 것이었습니다. '노령인구 증가'도 가설 중 하나였죠. 노인들은 신체능력이 약해져 범죄를 저지르기 어려우니 범죄율이 낮아졌다는 겁니다.

과연 그럴까요? 진짜 원인은 '낙태'였습니다. 그것도 그래프가 그려진 시점으로부터 20여 년 전의 낙태입니다. 미국이 1973년에 낙태를 합법화한 후, 만약 태어났으면 범죄를 저질렀을 사람들이 태어나지 않았다는 뜻입니다. 마치 우생학을 옹호하는 듯해서 입이 쓰긴 하지만, 사회적 환경이 좋지 않으면 아무래도 범죄에 노출될 확률이 높아지는 것은 사실이니까요. 어려운 처지의 10대 임신 여성들에게 선택의 자유를 주니 20년 후에 사회가 좀 더 안전해졌다는 것이죠.[1]

제가 하는 일도 이처럼 인과因果를 밝히는 것입니다. 무엇이 인풋이고 무엇이 아웃풋인지 알고 싶은 것이죠. 일반적인 데이터 마이닝data mining으로는 상관관계correlation를 볼 수 있을 뿐, 인과관계causality를 보기는 어렵습니다. A와 B가 연관 있다는 것은 데이터로 알 수 있지만, A 때문에 B가 일어났는지는 설명하지 못한다는 거죠.

문제는, 상관관계만으로는 미래를 바꿀 수가 없다는 것입니다. 내가 원하는 결과가 어떤 원인에서 나오는지를 알아야 시도해볼 텐데, 그렇지 않으면 점을 치듯 미래를 예측할 수밖에 없습니다.

그러나 저는 미래는 예측하는 게 아니라 만드는 것이라고 생각합니다. 여러분이 이렇게 책을 읽고 공부하는 것은 여러분의 미래를 만드는 데 어떤 식으로든 도움이 되지 않을까요. 현재를 열심히 살면 좋은 미래가 만들어지므로 굳이 예측할 필요가 없겠죠.

기업과 개인이 원하는 미래를 만들기 위해 지금 무엇을 해야 하는지, 그것을 밝히는 것이 바로 제가 하는 일입니다. 인과관계를 밝히는 데 사용하는 제 도구는 데이터이며, 그 대상은 사람의 마음입니다. 현 인류는 기록하는 존재Homo Scriptus입니다. 특히 디지털 기술이 발달함에 따라 이제는 언제 어디서나 자신의 생각과 행동을 마음껏, 혹은 생각지도 못한 채 기록하곤 합니다. 140자 이내의 짧은 내용으로 작성되는 트위터만 하루에 5억 건 이상 생성되며, 그중 한국어를 포함하는 것만 해도 일평균 500만 건, 최대 650만 건에 달합니다.[2] 이제는 어느덧 전통 미디어처럼 느껴지는 블로그 또한 1년에 한국에서만 수천만 건 이상의 글이 작성됩니다. 이처럼 방대한 양의 소셜 빅데이터를 분석해보면 우리네 사는 모습을 관찰할 수 있습니다.

먹는 얘기로 시작해볼까요? 전국에 치킨집이 3만 개가 넘는다고 하죠. 한국 사람들이 '치맥'을 좋아하기 때문이라 말하기엔 지나치게 많은 숫자입니다. 이 현상은 오히려 어느 인터넷 게시판에 올라온 "서울대 문과가 낫냐, 치킨대가 낫냐"라는 글로써 더 쉽게 이해할 수 있습니다. '어차피 다 치킨집 할 건데 치킨대학 일찍 가는 게 낫지 않냐'는 게 우리 사회 저변에 깔린 심리입니다. 입사 후 10년쯤 지나 퇴직하고 나니 적은 자본으로는 할 만한 사업이 없어 결국 치킨집을 차리기 때문이라는 자조自嘲죠. 국내에 300~400개에 달한다는 치킨 프랜차이즈가 성업하는 이유가 꾸준히 만들어지는 명예퇴직자들의 신규유입 때문이란 이야기가 농담만은 아닌 듯합니다.

이번에는 '외모'에 대해 하는 이야기들을 들어볼까요? 시대와 지역별로 미인에 대한 기준은 조금씩 달라집니다. 현재 한국 사회는 날씬함을 단순히 선호하는 수준을 넘어 '착한 몸매'와 같은 가치판단적 표현까지 서슴지 않습니다. 이러다 보니 한국 사람들은 하루가 멀다 하고 다이어트를 결심했다가 무너지곤 하는데, 재미있는 것은 그 결심이 주로 밤 9시에 일어난다는 사실입니다. 저녁과 후식을 먹은 후 '내일부터' 다이어트 하겠다고 말하는 우리의 모습을 떠올리면 쉽게 이해되는군요. 이를 이용한다면 밤 9시부터 하는 홈쇼핑의 다이어트 식품 광고는 꽤 효과적이지 않을까요?

소셜 빅데이터에는 현재 진행 중인 삶의 양식 변화도 담겨 있습니다. 몇 년 전부터 〈아빠 어디 가〉, 〈진짜 사나이〉, 〈나 혼자 산다〉, 〈꽃보다 할배〉, 〈삼시세끼〉 등 남성들만을 관찰한 프로그램이 생겨나기 시작해 〈나는 자연인이다〉, 〈도시어부〉 등으로 이어지고 있습니다. 이런 포맷의 프로그램이 줄기차게 생겨나고 계속 인기를 끄는 이유는, 전통적 남성성이 현대 지식사회의 생산에 기여하는 바가 줄어들고 있기 때문입니다.

이들 프로그램은 돈을 벌어옴으로써 가사노동을 면제받고 가족이 차려주는 밥상을 받기만 하던 가장들의 권리가 무너졌으니 남자들도 밥하는 법을 배워야 하고, 각자 혼자서 밥 먹는 사회로 변화하는 것 또한 자연스럽다는 사실을 말해줍니다. 인터넷 '먹방'이나 일본 드라마 〈고독한 미식가〉가 비슷한 시기에 나온 것이 단순한 우연이 아님을 우리는 이미 피부로 느끼고 있습니다. 혼자 밥 먹는 사람들이 고독함이 아니라 유대감을 나누는 〈심야식당〉과 같은 콘텐츠도 나왔고요.

이를 이해하게 되면 1인가구의 증가는 물론 인생에 닻을 내리고 정박하지 못하는 삶에 대해 좀 더 담담히 받아들일 수 있게 될 뿐 아니라, 왜 다이소와 이케아가 한국에서 지금 시점에 큰 사업적 기회를 얻게 되었는지 선명하게 알 수 있습니다. 또한 양성평등의 추세는 인간의 동등한 권한과 책임에 대해 고민하게 해주며, 시대변화에 부응하지 못하는 명절 제의^{ritual}가 끝난 직후에 왜 백화점 매출이 늘고 이혼율이 급증하는지를 설명해줍니다.[3] 이러한 가치관과 시대변화를 따라가지 못하는 아빠는 리모컨을 들고 거실 소파에서 혼자 잠을 잘 수밖에 없지요.

비즈니스의 측면에서 본다면 사람들의 행동과 그에 앞선 욕망의 변화는 새로운 기회가 됩니다. 테마주니 트렌드니 하는 것들은 우리가 현재 품은 욕망이 미래에 실현될 것임을 기대하고 발 빠르게 대응한 결과 아닌가요. 흔히 주가는 경기에 선행하고 부동산은 후행한다고 하지만, 그것보다 더욱 앞선 것은 우리의 일상과 욕망의 변화일 겁니다.

졸저 《여기에 당신의 욕망이 보인다》에서는 이러한 변화를 읽는 새로운 수단으로서 빅데이터를 조명했습니다. 그러고 나서 벌써 7년이 지났군요. 그사이 '빅데이터'라는 딘어는 한국 사회에서 (거의) 일상어로 쓰일 만큼 익숙해졌습니다. 외려 한쪽에서는 과대 포장된 빅데이터 열풍을 경계하고, '이 또한 지나가리라' 하며 한때의 유행처럼 생각하는 것 같습니다.

그러나 이는 어쩌면 '붓을 탓하는' 마음 아닐까요. 데이터는 언제나 있었고, 사람이 이를 어떻게 활용할지에 따라 보고寶庫가 되기도 하고 쓰레기가 되기도 합니다. 중요한 것은 데이터를 어떤 눈으로 바라볼 것인가입니다. 아니, 굳이 복잡한 데이터를 고집

할 필요도 없습니다. 일상을 잘 관찰하기만 해도 기회는 무수하게 찾을 수 있으니까요. 그렇다면 우리의 고민은 결국 이것이 되겠군요.

'평소에 우리는 잘 관찰하고 있는가?'

'우리가 관찰했던 것은 과연 유효한가?'

예컨대 '저녁식사'라고 하면 많은 이들이 공영방송에서 매일 저녁에 내보내는 일일연속극의 한 장면을 떠올립니다. 교자상 두 개를 잇대놓은 떡 벌어진 상에 3대가 모여 앉아 화목하게 웃고 있는 그 장면(항상 카메라를 위해 상의 3면에만 둘러앉아 있는 어색한 그 장면) 말입니다. 하지만 '가족의 저녁'은 실상 '각자의 저녁'으로 변화한 지 오래입니다. 우리 사회는 더 이상 대가족 문화가 아닐뿐더러, 설령 대가족이어도 집으로 사람들을 초대하지 못합니다. 옛날에는 아버지가 한밤중에라도 손님을 데리고 오면 가족들이 서둘러 술상을 보곤 했습니다. 하지만 지금은 식당에서 손님을 접대하고 차 한잔 하러 집에 오는 정도입니다. 아, 그것도 부부 사이가 원만할 경우에나 가능하겠네요. 평소에 아빠는 친구들과 술집에서, 엄마는 TV 혹은 컴퓨터 앞에서, 자녀는 식당이나 카페에서 각자 저녁을 해결합니다.

그런데 우리는 왜 자신이 매일 겪는 현실을 인지하지 못하고

방송국이 '주장하는' 저녁의 모습을 떠올리는 걸까요? 왜 으레 '그러함직하다' 혹은 누군가가 '그러해야 한다'고 말하는 대로 바라보는 것일까요?

관찰이 부족하기 때문입니다.

인생이란 '탄생'이라는 억세게 큰 운을 가진 생명체가 얻은 유일한 기회로, 현생에 단 한 번 펼쳐질 뿐입니다. 살아보지 않은 삶에 대한 호기심과 두려움은 흡사 '가지 않은 길'을 상상하는 것과 같아서, 우리는 문득 한 번뿐인 인생을 낭비하고 있는 것은 아닐까 하는 불안에 시달리기도 하죠. 주어진 문제의 해답을 찾기 위해 심사숙고했지만 내가 현상을 제대로 관찰하고 원인과 결과를 옳게 판단한 것인지, 그것이 그려낼 미래상을 제대로 예측했는지는 언제나 미지수입니다.

그런데 기술의 발달로 이제 각자의 삶이 얻은 작은 경험들을 이어낸 빅데이터 네트워크가 만들어지고 있습니다. 그 안에 펼쳐지는 타자의 시행trial으로부터 얻은 수많은 경험은 우리가 어떻게 살아왔고 어떻게 살고 있는지 보여주며, 나아가 어떻게 살아야 착오error를 줄일 수 있을지 힌트를 줍니다. 데이터는 단순한 정보가 아니라 우리의 삶을 담고 있으니까요.

이 점이 중요합니다. 데이터가 담고 있는 억조창생億兆蒼生의 삶이 얻어낸 작은 교훈들과 실수들은 우리 각자의 삶이 헛되지 않게 하는 데 소중히 쓰일 수 있습니다. 우리가 할 일은 그것을 올곧게 바라보고 옳은 결론을 도출해내는 것입니다. 편견 없이 제대로 볼 수만 있다면, 삶을 보든 데이터를 보든 그것은 중요하지 않습니다.

그러므로

관찰하고

관찰하고

관찰하십시오.

이것이 이 책에서 하고 싶은 이야기입니다. 부디 데이터는 잠시 잊고, 우리 삶을 돌아보는 시간이 되시기를.

송길영

1장

허상 :

당신의 상식은
상식이 아니다

"또 다른 세상을 만날 땐 잠시 꺼두셔도 좋습니다. 때와 장소를 가리지 않는 스피드 011."[4]

이 광고를 아시는지요? 어느 정도 연륜이 있는 분들은 기억하시겠죠. 1998년에 전파를 탄 한석규의 SK텔레콤 광고입니다. 제게도 물론 익숙한 이 광고를 일전에 고교생을 대상으로 한 데이터마이닝 캠프에서 보여줬더니 아는 학생이 없었습니다. 알고 보니 이 학생들이 1998년생이었더군요. 그들에게는 2011년의 리메이크 광고가 더 익숙할 테죠.

"또 다른 세상을 만날 땐 잠시 꺼두셔도 좋습니다. T의 무선인터넷 세상은 때와 장소를 가리지 않습니다."

두 번째 광고는 첫 번째 광고만큼 재미를 보지는 못했지만,

우리에게는 유의미합니다. 같은 듯 다른 두 광고의 차이가 시대의 변화를 단적으로 보여주기 때문입니다. 과거에는 휴대폰이 통화하는 기계였는데, 세월이 흘러 이제는 데이터를 주고받는 기계로 바뀌었습니다. 오늘날 휴대폰에서의 소통은 대부분 글자를 통해 이루어집니다. 게임을 하고 동영상을 보고 검색을 하는 틈틈이 메신저로 소통하죠.

이처럼 지금 보기에는 당연한 것 같지만 우리를 둘러싼 환경은 우리도 모르게 조금씩 변화합니다. 그 변화에 따라 산업도 변화하고, 우리의 삶도 바뀝니다.

스마트의 역습

인터넷을 보면 '쇼핑이 힘들다'는 글이 종종 올라옵니다. 남성들이 하는 말이 아닙니다. 여성들이 힘들어합니다. 남성들 중 쇼핑에 관심이 아예 없는 분들도 많으니 힘들어하지도 않죠.

소셜미디어에서 '쇼핑'이라는 단어와 함께 나오는 말들은 주로 '가다', '좋다', '힘들다', '먹다' 등입니다. 쇼핑 가서 좋긴 하지만, 돌아다니느라 힘드니 쉬면서 뭔가를 먹는다는 흐름이 대략 떠오르는군요. 실제로 쇼핑족의 습관이 이와 비슷합니다.

많은 남자들이 물건을 사러 가면서 사람을 보지 않습니다. 독일병정처럼 물건을 향해 진격해서 "저거 주세요" 하면 끝입니다. 직원이 "이건 지난 시즌 거예요, 더 좋은 게 나왔어요" 하고 말해도 요지부동. '그 옷이 그렇게 좋으면 당신이 먼저 입었겠지'라고 생각하는 게 남자들이거든요. 실제로 남성들의 쇼핑몰 내 동선을 보면 거의 일직선이 나옵니다.

반면 여성들은 어떤 동선이냐고요? 상당수가 지그재그 전혀 엉뚱한 방향으로 움직입니다. 이에 관해 진화심리학자들은 선사시대부터 남자는 수렵, 여자는 채집을 담당하며 길들여진 결과라고 설명하기도 하죠. 여자는 점찍어놓았던 열매를 찾던 그 시대 그 본능 그대로 자신이 눈여겨본 물건이 어느 위치의 어느 매장에 있었는지 기억하고 언제든 찾아올 수 있지만 남자는 그렇지 못하다는 것입니다. 굳이 진화심리학을 거론하지 않더라도 여성들은 쇼핑몰에서 '이거 사야지' 하고 생각해둔 물건을 귀신같이 다시 찾아오는 반면, 남자는 어디 있는지 기억도 못한다는 걸 우리는 모두 압니다.[5]

여성에게 쇼핑은 지극히 복합적인 경험인 듯합니다. 쇼핑은 단순히 '사는' 것과도 또 다릅니다. 많은 여성들의 머릿속에 쇼핑은 '즐기는' 것인 반면, 사는 것은 단순히 돈과 물건을 '바꾸는' 행위이거든요. 그렇다 보니 사는 것은 순간적이지만 쇼핑은 몇 시간 동안 합니다. 그래서 쇼핑에만 '마치다'는 단어가 사용됩니다. 쇼핑을 마치기 전까지는 물론 수많은 경험이 들어갈 테고요.

이처럼 쇼핑은 많은 경험이 포개지는 행위입니다. 무엇을 살지 '고민'을 하고, 몇 시간에 걸쳐서 하는 것이라 동선이 길어집니다. 그래서 지쳐 당이 떨어지고, 스타벅스, 밥, 빵 등 온갖 '단 것'들을 떠올리게 됩니다. 그런 이유로 쇼핑몰마다 일정 비율의 F&B^{Food and Beverage}가 있습니다.

그런데 여기에 변화가 생겼습니다. 기존에는 약 13~17% 사이를 유지하던 쇼핑몰 내 음식 매장의 비중이 2015년을 기점으로 30%까지 증가한 것입니다. 왜일까요? 1차적으로는 쇼핑몰의 면적이 넓어졌기 때문입니다. 여의도의 IFC몰이나 삼성동 코엑스몰처럼 거대한 쇼핑몰은 동선도 그만큼 길어지기 때문에 F&B가 늘어나게 마련입니다.

이는 비단 쇼핑몰의 매출에만 해당하는 이야기는 아닙니다. 우리의 먹는 행위는 크게 '해 먹기, 사 먹기, 시켜 먹기'로 나눌 수 있는데, 이 중 직접 조리해서 먹는 행위는 매년 꾸준히 감소하는 반면(2015년 75% → 2018년 68.9%), 사 먹거나 사와서 먹거나 배달시켜 먹는 행위는 계속 증가하는 추세입니다. 내 수고를 들이는 대신 돈을 들여서 먹는다는 것이죠. 그러니 쇼핑몰에서 F&B의 비중이 커지는 것은 당연한 귀결입니다.

자, 여기까지는 쇼핑몰 추세가 그렇다는 말입니다. 업주들이 정말 새겨들어야 할 부분은 지금부터입니다.

일전에 서울 외곽에 생긴 대형 아웃렛 매장에 간 적이 있습니다. 자동차 4000대를 주차할 수 있고 입점 업체만 300개가 넘는다더니, 과연 어마어마한 규모더군요.

매장을 둘러보다가 멋있는 재킷이 눈에 띄기에 사려고 보니 정가가 꽤 비쌌습니다. 그래도 아웃렛이니 할인율에 기대를 걸고 주인에게 물었는데 웬걸, 10%밖에 안 깎아준다는 겁니다. 아웃렛이면 응당 저렴해야지 왜 이러냐고 물었더니 '신상'이어서 그렇답니다. 서울 백화점에서는 정상가에 팔고 있지만 그나마 아웃렛이니 싸게 주는 거라더군요. 백화점 매출이 하락세여서 이제는 신상품이 아웃렛에서도 판매되는 듯했습니다. 이럴 줄 알았으면 그냥 가까운 백화점에 갈걸, 뭐하러 그 먼 곳까지 갔나 싶어 허탈해졌습니다.

그러다 문득 이런 합리적 의문이 떠올랐습니다. '정말 이게 가장 싼 가격일까?'

그래서 휴대폰을 꺼내 옷의 시리얼 넘버로 검색해보았더니, 인터넷 쇼핑몰에서는 30% 할인해서 파는 것 아니겠습니까. 가게 주인이 한 말은 거짓이었습니다. 그러니 제가 어떻게 했을까요? 그 자리에서 샀습니다, 물론 모바일로요. 입어보고 물어보기는 쇼핑몰에서 다 해놓고 물건은 다른 데서 산 겁니다.

저 같은 소비자만 있으면 오프라인 쇼핑몰이 망하는 건 시간문제입니다. 땅 사고 건물 짓고 직원들도 고용했는데, 정작 고객은 서비스만 실컷 받고 사지 않으니 말이죠.

발 빠른 일부 유통업체는 옴니채널Omni Channel이라는 방법을 고안해 모든 접점에서 같은 수준의 서비스를 제공함으로써 변화에 적응하고 위기를 타파하려 노력하고 있습니다. 그런가 하면 온라인 기반으로 운영되던 알리바바의 타오바오나 이베이 등은 거꾸로 오프라인 매장을 오픈해 온/오프라인을 연결하는 서비스를 제공하기 시작했고요.

오프라인 업체가 온라인으로 확장하고, 온라인 업체가 오프라인 매장을 내고… 생존을 위해 합종연횡하는 유통업계의 분투가 눈앞에 그려지는 듯합니다. 그러거나 말거나 나는 소비자이므로 싼 값에 사면 좋은 것 아니냐고 생각한다면, 결코 그렇지 않습니다. 유통업계의 위기는 곧 대량실업으로 이어지기 때문입니다. 대개 매장 직원은 전문적 역량을 필요로 하지 않기 때문에, 유통산업은 단기간에 고용을 늘리기에 좋습니다. 서울 외곽의 지자체들도 지역 주민을 고용하는 것을 전제로 쇼핑몰 허가를 내줬을 겁니다. 그런데 쇼핑몰이 망하면 그 직원들은 어떻게 되겠습니까?

그래서 고육지책으로 음식점을 포진시키는 것입니다. 쇼핑몰에 음식점이 늘어난 것이 비단 매장이 넓어져서 쇼핑이 힘들기 때문만은 아니라는 것이죠. 사람들더러 음식 먹으러 쇼핑몰로 나오라는 유인책입니다. 이미 백화점마다 유명 맛집을 입점시키는 경쟁이 몇 넌째 진행중이죠. PK마켓처럼 식자재와 완성요리를 함께 파는 매장이 생겨났으니 장을 보다가 아예 먹고 가는 것도 가능해졌고요. 백화점 지하가 단순한 푸드코트를 넘어 맛집 코너로 바뀐 겁니다. 아니, 이제는 백화점 푸드코트 자체가 하나의 브랜드로 분화하기 시작하면서 맛집 편집숍이 생기고 '식객촌' 같은 브랜드가 만들어지고 있습니다. 과거의 맛집은 직접 가야 먹을 수 있었는데 이제는 맛집도 배달이 되니, 이에 따라 맛집을 활용하는 유통업체의 전략이 어떻게 변화할지 계속 지켜봐야겠군요.

이것만 봐도 세상이 변했음을 알 수 있습니다. 예전의 백화점은 옷으로 유인하고 지하 식품관에서 이익을 취했는데, 이제는 거꾸로 식품관이 비록 이문은 적어도 다른 매장을 순환시키는 유인책이 되었습니다.

이미 신사동 가로수길의 패션 매장들은 십수억 원의 권리금과 수천만 원의 월세를 감안할 때 옷을 팔아서는 이익을 내기 어려운 지경에 이르렀다고 합니다. 매장을 플래그십 스토어로 운영할 뿐 이익은 되지 않는다는 것이죠. 이러다가는 백화점도 구경만 하고 구매하지는 않는 소비자들 때문에 입점 업체로부터 판매수수료가 아니라 고정된 월세를 받아갈지도 모르겠습니다. 쇼윈도를 빌려주는 광고판 같은 사업이 되는 것입니다.

우리의 삶을 도와주기만 할 것 같던 스마트함이 기존 산업에 위협이 되기 시작했습니다. 나아가 우리의 먹고 살 길을 위태롭게 하기 시작했습니다. 이 변화를 이해하고 대비할 수 없다면 여러분의 비즈니스는 스마트의 역습 앞에 속수무책 당할 수밖에 없습니다.

당신의 상식은 여전히 상식적인가?

스마트의 역습이 가공可恐할 이유는, 인간의 행동과 생각을 거의 근본적인 수준에서 바꿔버리기 때문입니다.

눈에 넣어도 아프지 않을 것 같은 딸이 사춘기를 지나고 있습니다. 우스갯소리로 북한도 무서워한다는 중2 때에는 말 한마디 건네는 것도 조심스러웠죠.

초등학교는 큰 스트레스 없이 비교적 무난하게 마쳤지만 어쨌거나 공부는 해야 하는 나라에 태어났으니 중학교에 들어가면서부터 학원이라는 곳에 다니기 시작했습니다. 딸은 학원이 끝나면 돌아와서 대충 저녁을 먹고는 곧바로 컴퓨터 앞에 앉습니다. 한손으로는 컴퓨터를 켜고 다른 한손으로는 아이패드에 있는 카카오톡을 연결합니다. 어느새 컴퓨터에도 몇 개의 앱이 떠 있습니다.

하루는 밤늦게까지 공부하고 왔으니 피곤할 것 같아서 "좀 쉬지 그러니?"라고 조심스럽게 물었더니 "이게 쉬는 거야"라는 여섯 글자짜리 대답이 돌아오더군요. 썩 예의바른 대답은 아니지만 중2이기에 너그럽게 이해했습니다. 대신 마음속에 이런 의문이 떠올랐습니다. 여러 개의 화면을 보면서 수많은 친구들과 바쁘게 연락하고, 정신없이 정보를 보고 듣는 것이 '쉬는 것'이라고? 제 상식에서는 선뜻 이해되지 않았습니다.

여러분에게 쉬는 것은 어떤 것인가요? 제 딸의 행동이 떠오릅니까, 아니면 앞서 소개한 1998년의 "잠시 꺼두셔도 좋습니다"라는 광고가 떠오릅니까?

만약 그 통신사 광고의 정서와 더 가깝다면 여러분은 시쳇말로 '노땅', 더 두려운 표현으로는 '꼰대'라 불릴 위험이 있습니다. 문제는 꼰대가 만든 물건은 사람들이 사지 않는다는 것입니다. 과장된 표현이 아니라, 실제로 매출과 연결돼 있습니다.

인터넷에 올라온 글들을 보면, 이제는 '얼굴에 팩을 하고 술을 마시면서 아이패드로 애니메이션을 보고 아이폰으로는 트위터를 한다'와 같이 3~4가지 일을 한꺼번에 하는 장면이 '휴식'이라는 단어로 설명됩니다. 많은 사람들이 컴퓨터로 동영상을 보다가 '그만 자야지' 하고는 컴퓨터의 파일을 휴대폰에 옮기고 침대에 누워서 봅니다. 그게 쉬는 거래요. 가만히 생각해보니 그런 행태를 이해 못한다는 저도 이렇게 살고 있더군요. 주말에 쉴 때에는 TV 프로그램 중 마음에 드는 걸 태블릿PC에 다운로드해서 봅니다. 아니, 듣습니다. 프로그램 동영상을 틀어놓고 귀로 들으며 눈으로는 휴대폰을 보고 있거든요. 심지어 휴대폰으로는 웹서핑과 메신저를 번갈아 확인합니다. 저도 3가지를 동시에 하고 있었습니다.

요즘은 다들 이렇게 산다고 합니다. "금요일에 카페에서 아이패드와 폰에 딱 붙어서 여유로운 시간을 보내지"라는 허세 넘치는 글이 인스타그램에 올라옵니다. 이런 글은 보통 커피 한잔과 아이패드, 그리고 무심히 놓인 명품지갑이 찍힌 사진을 대동합니다. 포스트의 의도가 여유를 공유하자는 건지 명품을 과시하자는 건지 의문이지만, 하여튼 이런 글을 올리면서 '휴식'이라고 말합니다. 친구들과 놀 때는 어떤가요. 음식점에서 음식이 나오면 우선 휴대폰부터 켭니다. 명절에 조상께 먼저 음식을 바친 후

음복하는 것처럼, 일단 사진을 찍어야 먹을 수 있거든요. 그다음에는 메신저에 접속해 누군가에게 사진을 보냅니다. 그러고도 끝이 아니죠. 각종 소셜 네트워크에 모임을 실황 중계합니다. 친구들과 보내는 편안한 시간조차 마치 상사에게 보고하듯이 사람들에게 알리는 것입니다. 바쁜 손놀림과 수많은 네트워킹, 이 모든 것이 오늘날의 '휴식'입니다.

1990년대만 해도 휴식은 기계를 '끄는' 것이었습니다. 그러던 휴식이 이제는 태블릿PC와 컴퓨터 그리고 스마트폰 등 온갖 기계를 한꺼번에 '켜놓고' TV 시청과 웹서핑, 카카오톡을 동시에 즐기는 상황으로 바뀌었습니다.

우리나라뿐 아니라 영국과 미국 사람들의 생활이 담긴 1년 치 118억여 건의 빅데이터를 분석해보니, 요즈음 휴식의 양상은 국적을 불문하고 여러 모바일 기기를 동시에 사용하며 디지털 콘텐츠를 소비하거나 소셜미디어에 몰입하는 것으로 나타났습니다. 스마트한 모바일 기기의 등장과 함께 전 세계 휴식의 의미도 바뀌어가고 있는 것입니다.

사회 분위기가 불안하고 삶이 각박해지면서 힐링이나 휴식을 원하는 사람들이 많아지고 있습니다. 이들에게 휴식을 선사하는 모바일 기기를 만든다면 어떻게 해야 할까요? 1998년에는 기계를 끄라고 했으니 쉽게 끌 수 있는 기계 혹은 알아서 꺼지는 기계가 해법이 될 수 있었겠지만, 지금은 더 많은 화면을 동시에 볼 수 있도록 도와주는 것이 휴식의 답이 되지 않을까요?

그러나 만약 여러분 회사의 CEO가 완고하고 자신의 경험에 대한 믿음이 지나치게 강한 사람이라면 여전히 휴식은 '끄는' 것이라 단정하며 본인의 과거를 현재에 대입할지도 모릅니다. 실제로 어느 기업 강연에서 제 딸 이야기와 오늘날의 휴식에 대해 설명했더니 그 회사 임원이 한마디 하시더군요. "그래도 자녀가 올바르게 쉬도록 가르쳐야 하지 않습니까?" 그들에게는 그게 쉬는 것이라고 조금 전에 말했는데도, 받아들이지 못하겠다는 얼굴로 말입니다. 그렇게 말한 본인도 학창시절에는 라디오 들으며 공부했을 텐데 말이죠. 어머니가 라디오 들으면서 무슨 공부가 되느냐고 잔소리하면 '백색소음이 있으면 공부가 더 잘된다'고 했겠죠. 기성세대가 이해 못할 행동을 본인도 젊은 시절에 했으면서, 지금 젊은 세대의 행동을 '옳지 않다'고 재단하는 게 과연 합당할까요?

여러분은 어떻게 생각하시나요? 개인의 가장 내밀한 경험인 휴식마저 변화하는 지금, 여러분의 비즈니스는 이에 발맞추어 변화하고 있습니까?

"

개인의 가장 내밀한 경험인
휴식마저
변화하는 지금,
당신의 비즈니스는
이에 발맞추어 변화하고 있는가?

"

당신이 무엇을 상상하든, 실제와 다르다

이러한 변화를 우리가 얼마나 이해하고 있는지, 혹은 인지하는지에 대해 좀 더 생각해보죠. 최근 가장 큰 사회적 트렌드 중 하나인 '싱글' 이야기입니다.

'가족'에 대한 언급이 줄고 있습니다. 그 자리를 차지하는 것이 '싱글'입니다. 만혼晩婚과 비혼이 사회적 고민거리를 넘어 대세가 된 지 이미 오래죠. 우리나라 싱글들은 언제 결혼에 대한 생각을 덜하게 될까요? 싱글들만 모이는 커뮤니티의 게시물을 분석해보니 30세에 결혼에 대한 언급을 가장 많이 하더군요. 두 번째로는 35세, 그다음에는 40세에 다시 반짝 늘었다가 40세가 지나면 결혼에 대한 언급이 거의 사라집니다. 결혼이 삶에 꼭 필요한 것은 아닐 수도 있다는 인식이 40세를 기점으로 자리 잡는 것일 테죠.

싱글이 늘어감에 따라 자연스럽게 '1인분', '2인분'이라는 단어가 많이 언급됩니다. 대형마트나 백화점에서 저녁 7시쯤 떨이로 밀어내는 식품들이죠. 푸짐하게 차려서 함께 나눠먹던 가족의 식탁은 이제 인터넷 '먹방'을 지켜보며 혼자서 가정식 대체식품을 데워 먹는 풍경으로 바뀌고 있습니다. 같은 맥락에서 '오피스텔'이나 '원룸'이 뜹니다. 예전에는 혼자 살 만한 집이 많지 않았는데, 이제는 단독가구도 불편하지 않게 살 수 있는 환경이 되었습니다.

이 두 가지 변화가 결합하면 어떤 결과가 나올까요? 오피스텔이나 원룸에서 부엌의 사이즈가 줄어듭니다. 어차피 사 먹을 건데 부엌이 넓을 필요가 없죠. 이미 홍콩이나 대만에서는 분양할 때 부엌이 선택사항이라고 합니다. 원하면 아예 없앨 수도 있다는 겁니다. 그렇다면 생각해볼까요. 이런 추세라면 어떤 비즈니스가 위태로워질까요? 주방가구가 필요 없습니다. 1인가구의 증가는 주방가구 회사의 미래와 직접적인 연관이 있습니다.

이러한 위기를 가만히 앉아서 당하면 안 되죠. 우리 삶의 형태가 바뀜에 따라 수많은 산업의 구조도 그에 맞춰 적응하려고 움직이고 있습니다. 이미 낡은 말이 됐지만, 위기는 기회라 하지 않습니까. 싱글의 대두에서 기회를 찾아보죠.

우선 싱글들의 관심사에서 그들이 원하는 바를 찾아보겠습니다. 과연 싱글들의 머릿속에는 어떤 관심사가 자리 잡고 있을까요?

2010년 이후부터 약 40개월간 싱글들이 자신의 생각을 표현한 글을 보니 42%는 관계를, 33%는 취미와 여가를, 25%는 경제와 건강을 고민하고 있었습니다. 이를 풀어서 설명해보죠. 먼저 외로움을 해결하기 위해 사회적 관계를 맺고자 하지만 결코 쉽지 않습니다. 그래서 대안으로 여가를 통해 현실을 즐기려 합니다. 그런데 이것도 체력과 돈이 뒷받침해줘야 가능하기에 생활에서 몸과 돈을 만들기 위해 노력한다고 해석할 수 있을 것입니다. 이것을 사회적 인간Homo Socies과 유희의 인간Homo Ludens 그리고 노동의 인간Homo Laborans으로 정리하면 21세기 한국의 싱글들을 이해할 수 있지 않을까요.

싱글들의 다양한 취미 여가활동 중에서도 눈에 띄는 것으로 '집 꾸미기'가 있습니다. 싱글들은 혼자 사는 자신의 공간에 관심이 많아서 집을 꾸미는 데 많은 시간을 쏟는데, 그러다 보니 자연스럽게 인테리어 산업의 발전을 돕습니다. 하지만 비혼 추세는 젊은 층에서 먼저 일어났고, 젊은 세대는 기성세대보다 수입이 많기 어렵습니다. 자기 집을 가진 이들도 별로 없죠. 이러니 싱글들을 중심으로 돈을 많이 쓰는 인테리어보다는 셀프 인테리어가 트렌드로 떠오르게 됩니다. 게다가 페이스북 등 소셜네트워크에 멋진 집을 보여주려면 아무래도 돈으로 치장한 인테리어보다는 자신의 감각을 뽐내는 셀프 인테리어가 더 그럴 듯하죠.

이 추세를 타고 싱글들의 성지聖地로 떠오르는 브랜드가 있으니, 바로 다이소와 이케아입니다.

자신의 삶이 결혼 같은 미래가 아니라 지금 현재를 위해 존재

한다는 것을 깨닫는 순간 주변을 가꾸게 되고, 이때 다이소와 이케아가 큰 도움을 줄 수 있습니다. 이들 기업은 적당한 가격에 감각적인 인테리어를 할 수 있도록 해줍니다. 셀프 인테리어 열풍을 타고 다이소는 한국 시장에서 1000개에 육박하는 매장을 운영하고 있고,[6] 해외 '직구'로 먼저 이름을 알린 이케아는 세계 최대 규모의 매장을 한국에 열었습니다. 이들의 선전은 물론 기업 스스로의 노력 덕분이기도 하지만, 그보다 우리 사회의 변화에서 나온 자연스러운 결과로 보아야 할 것입니다.

자, 여기까지는 어렵지 않죠. 싱글의 대두는 인구통계학으로 쉽게 확인할 수 있는 변화이니까요. 이들이 자신의 집에 소소한 투자를 하리라는 것도 예측 가능합니다. 그런데 현실은 그렇게 단선적이지 않습니다. 이번에는 반대의 사례입니다.

1인가구라 하면 왠지 모든 게 작고 저렴할 것 같죠. 마치 백설공주의 일곱 친구네 집처럼 작은 TV로 볼 것 같고, 작은 밥솥을 쓸 것 같고, 작은 세탁기를 돌릴 것 같습니다. 주머니 사정이 가벼우니 가격도 저렴하면 더 좋을 것 같습니다. 그래서 기업에서 야심차게 내놓았던 것이 '통큰TV' 같은 제품입니다.

기억하시나요? 통큰TV는 40인치 이하로 약간 작은 대신 가격도 50만 원을 넘지 않았습니다. 파격적으로 낮은 가격 때문에 시장 질서를 교란한다느니 말이 많았지만, 어쨌든 통큰TV는 나오자마자 다 팔렸습니다. 그런데 흥미로운 사실은, 정작 싱글들은 이 제품을 안 샀다는 것입니다. 그들의 고객은 싱글이 아니라 모텔 주인이나 멀티방 주인이었습니다. 이들 업주에게는 TV 브랜드가 중요하지 않으니 싼 제품을 대량으로 사서 각 방에 넣은 것이죠.

그렇다면 싱글들은 무엇을 살까요? 70인치 모니터를 삽니다. 우리나라 대기업들이 싫어하는 전형적인 제품이죠. 크기만 컸지 별다른 첨단기능이 들어 있지 않거든요. 심지어 TV도 아닌 일반 모니터여서 컴퓨터와 연결해야 합니다. 그러나 모니터라고 우습게 보면 곤란합니다. 가격이 무려 300만 원에 육박하거든요.

이쯤 되면 당연한 의문이 떠오릅니다. 싱글들은 빠듯한 수입을 쪼개서 왜 이런 제품을 살까요? 언뜻 봐서는 이해하기 힘들지만, 그들의 일상을 보면 답이 나옵니다. 이 커다란 모니터로 보면 많은 것들이 실감나거든요. 게임도 그렇고, 화면 속 그(녀)들도 그렇고. 집에서 컴퓨터 게임을 하고 동영상 보는 게 낙인 사람들에게는 매우 제격인 제품입니다.

이 제품을 생산한 곳은 아이폰 생산공장으로 유명한 대만의 팍스콘입니다. 마침 팍스콘에 빅데이터 관련 강의를 할 기회가 있어서 테리 귀 회장에게 이 내용을 소개했더니 매우 흥미로워하더군요. 이 모니터가 한국에서 매달 10억 넘게 팔리고 있는데 그 이유가 기업의 예상과 전혀 달랐다는 데 놀란 겁니다. 하긴 생각해보면 제조업체는 자신이 만드는 제품이 누구에게 팔리는지 모릅니다. 고객 데이터는 유통업체가 가지고 있으니까요. 그나마 유통업체도 구매자를 알 뿐이지, 실제로 누가 사용하는지는 모릅니다.

이 제품은 어쨌든 잘 팔렸으니 다행이지만, 매우 예외적인 경우입니다. 구매자와 사용자를 제대로 파악하지 못하면 기업의 노력은 십중팔구 실패로 귀결될 수밖에 없습니다. 싱글들의 생활패턴을 보면 그들이 고가의 모니터를 사는 이유가 납득되지만, 몇 가지 기초지식이나 상식만 가지고 추론할 때는 '올바른 타깃'을 정하기 어렵습니다.

이 말은 무슨 뜻일까요? 기업이 무엇을 상상하든, 실제와는 다를 수 있다는 것입니다. 데이터 분석으로 시작해 마케팅 분야에 10년 넘게 종사해오며 매 순간 절감하는 사실입니다. 기업이 상상한 고객과 고객의 실제 행동이 전혀 다른 경우가 너무 많습니다.

제조업체에서는 이렇게 생각합니다. 결혼하지 않은 누군가가 있는데, 기존 통념에 따르면 결혼 안 한 게 아니라 '못 한' 사람이 됩니다. 특히 대기업 고위직일수록 그렇게 생각하는 경향이 강합니다. 요즘에는 가치관에 따라 결혼하지 않는 사람들도 많지만, 한편으로는 경제적으로 자리 잡기 전까지 결혼을 미루는 사람들도 많죠. 그러다 보니 중소기업보다는 경제사정이 나은 대기업 직장인이 결혼정보회사 같은 곳에서 선호됩니다. 이 험한 세상에서 그나마 먹고는 살 것 같으니 상대방도 안전하게 생각해서 비교적 순탄하게 결혼에 골인하는 거죠. 실제로 제가 아는 똘똘한 후배가 어느 날 회사를 그만둔다기에 이유를 물었더니, 장가가려 대기업에 들어간다는 겁니다. 벤처기업에 다닌다고 하니 예비 처가에서 싫어했다네요. 그래서 그 친구는 정말 굴지의 대기업에 입사해서 결혼한 다음 다시 벤처기업으로 돌아왔습니다. 21세기 한국 사회에 이런 웃지 못할 일이 벌어집니다.

젊은이들 사이에는 만혼과 비혼이 뚜렷한 추세이지만, 사회적으로는 여전히 결혼을 해야 어른이 된다는 통념이 있습니다. 그런 마당에 직업 안정성에 결혼 여부가 영향을 받으니, 어느 순간엔가 결혼한 사람은 부자이고 결혼 안 한 사람은 돈이 없다고 생각합니다. 기득권층인 대기업 임원들이 특히 이렇게 생각합니다. 연봉 많이 받는 그들 회사의 직원들은 결혼을 일찍 했으니까요.

그런데 이게 착각이라는 겁니다. 30~40대 기혼남을 붙잡고 물어보십시오. 이들에게 돈을 벌 의무는 있지만, 쓸 자유에 대해서라면 다시 생각해보아야 합니다. 혼자 산다면 많이 벌든 적게 벌든 자기 뜻대로 쓸 수 있지만 경제공동체에서는 그럴 수가 없죠. 더욱이 경제적 의사결정을 아내가 한다면 남편이 재량껏 쓸 수 있는 금액이 많이 줄어들 수밖에 없습니다. 급여가 통장으로 바로 입금되니 과거처럼 비자금을 조성할 수도 없이 용돈으로 생활해야 합니다. 더러는 통장뿐 아니라 공인인증서도 아내에게 맡기는 이들도 있더군요.

이들의 비자금 형성을 위해(?) '멍텅구리 통장', 더 폼나는 용어로는 '스텔스 통장'이란 것도 나왔습니다. 원래는 은행에서 보안 목적으로 만든 상품이지만 유부남들 사이에서 인기 폭발입니다. 적의 레이더망에 잡히지 않는 스텔스기처럼, 이 통장은 인터넷 뱅킹이나 모바일 뱅킹이 불가능해서 은행 창구나 ATM을 이용해야 입출금이 가능합니다. 한마디로 공인인증서의 손길이 미치지 못하는 신성불가침의 소도蘇塗 같은 통장이죠. 2007년 도입된 이 통장은 처음에는 존재감이 없었다가 비자금을 만들고자 하는 용돈 받는 유부남들 사이에 알음알음으로 알려지면서 2013년부터 2년 사이에 50%나 가입자가 증가했다는 귀여운 기사가 나기도 했습니다.[7] 이 흥미로운 기사에서 가장 주목받은 댓글은 바로 "야이~ 빨리 기사 내려라"였습니다. 그 통장을 가지고 있는 유부남이 아내에게 들킬까 봐 화가 나서 다급히 올린 댓글일 테죠.

물론 최근에는 가족이라도 재정을 각자 관리하고 공동의 계좌를 만들어 DMZ처럼 두는 경우도 늘고 있다고 합니다. 그러나 이는 젊은 층에서 일어나는 변화이니, 40대 이상 남편들의 현실이 획기적으로 달라졌다고 보기는 어렵습니다. 더욱이 그 연령대는 자녀 교육비가 엄청나니 허리띠를 더 졸라매야 합니다.

결과적으로 유부남들은 돈이 없습니다. 유부녀도 마찬가지죠. 오히려 싱글들이 돈이 많습니다. 월급은 적지만 혼자 쓸 자유가 있으니까요. 그래서 비싼 물건은 오히려 싱글들이 삽니다. 한국의 현실이 이렇습니다.

어떤가요? 여러분이 상상한 현실과 일치합니까?

기업에서 의사결정하는 높은 분들의 생각과 소비를 주도하는 젊은 층의 행동이 얼마나 다른지 보여주는 예는 이밖에도 무수히 많습니다. 예컨대 냉장고를 보죠. 싱글들은 첨단기술이 집약된 고가의 칸칸이 냉장고를 사지 않습니다. 그들이 냉장고에 넣는 게 고작해야 음료수나 화장품이니 첨단 냉장고는 필요가 없습니다. 대부분의 싱글은 요리를 하지 않으며, 그나마 요리와 관련한 냉장고 수요라면 냉동식품이나 반조리 식품 보관 정도입니다. 비단 싱글뿐 아니라 젊은 층 대부분이 그렇죠.

이들에게 진짜 팔리는 것은 이런 '기능'이 아닙니다. 일전에 결혼한 후배가 있었는데, 요즘 대개 그렇듯이 집에서 밥을 잘 안 한다고 하더군요. 그래서 물었습니다.

"집에 있는 냉장고, 스메그Smeg지?"

그랬더니 깜짝 놀라면서 어떻게 알았냐는 겁니다. 저로서는 나름대로 합당한 추론이었습니다. 스메그는 그런 이들을 타깃으로 만들어진 제품이니까요.

스메그는 이탈리아 가전제품 브랜드인데 값이 꽤 비쌉니다. 삼성의 800리터 냉장고와 스메그 384리터 냉장고의 가격이 비슷합니다. 기능을 알면 더욱 경악스럽습니다. 양문은커녕 옛날 냉장고처럼 문이 하나나 두 개뿐입니다. 문을 열면 칸칸이 알차게 구성되어 있지도 않고 그저 휑합니다. 모터 소음이 크다는 리뷰도 있더군요. 그래서 결혼할 때 친정엄마랑 딸이 이것 때문에 엄청 싸운답니다. 엄마 눈에는 이 냉장고를 그 가격에 산다는 게 도저히 이해되지 않는 것이죠. 하지만 딸은 기어코 사고야 맙니다.

왜 살까요? 뻔하죠. 예뻐서입니다. 요리에 그다지 관심 없는 이들에게 냉장고의 기능이 큰 소용이 있을까요? 그들에게 냉장고는 음식을 넣는 게 아니라 인스타그램에 올리는 것입니다. 시끄럽고 기능성도 떨어진다는 평가가 있다 해도 외양만 예쁘면 소셜미디어에 올리는 데 전혀 문제되지 않습니다. 이 회사는 매출의 7%를 R&D에 쓰는데, 그중 디자인에 대한 투자가 상당하다고 합니다.

스메그는 단적인 예이지만, 오늘날 소비자의 욕망은 전반적으로 기능에서 심미적이고 남들에게 보이는 것으로 이동하고 있습니다. 멋있어 보여야 한다는 또래 압력peer pressure은 기능보다 디자인이 중시되는 이런 산업을 만들고 있죠. 스메그는 그 지점을 정확하게 짚은 것입니다.

2013년에 이런 내용을 가전제품을 생산하는 국내 기업에 소개하면서 스메그가 뜰 테니 조심하라고 말한 적이 있습니다. 하지만 강의를 듣던 분들이 심각하게 여기지는 않았던 것 같습니다. 저렇게 비싼데 팔리겠냐는 반응이었죠. 그러나 시장의 생각은 그들과 달랐습니다.

여러분이 무엇을 상상해도 상대방의 입장이 아닌 한 정확히 알 수는 없습니다. 내가 다른 누군가의 입장에 선다는 것은 보통 어려운 게 아닙니다. 싱글이 트렌드이니 그들 대상의 비즈니스를 하겠다고 해도, 싱글이 아니면 그들의 삶을 100% 이해할 수 없습니다.

이처럼 기업이 오해하는 대상이 비단 싱글뿐일까요? 예컨대 100세 시대가 도래한 이 시점에 기업은 '노인'을 잘 이해하고 있을까요?

제 친척어르신 중 공기업에서 정년퇴직한 분이 있습니다. 그분은 퇴직 후 15년째 제게 단체 메일을 보내십니다. "어떻게 살아왔든 지금의 이 삶을 받아들이고…" 하는 이른바 '좋은 글'들이죠. 포털사이트의 5060 카페 같은 데 들어가 보면 이런 글이 수없이 많습니다. 대부분 책이나 시의 좋은 글귀를 딴 것인데, 저는 정말 궁금합니다. 어르신들은 왜 이런 글을 쓸까요. 그분은 왜 10년 넘게 제게 이런 메일을 보낼까요. 더 큰 문제는 몇 년 전부터 가끔 이런 글에 감동받는 스스로를 발견한다는 사실입니다. 오마이갓, 저도 늙어가고 있는 겁니다.

어르신들이 만드는 메시지의 내용은 명료합니다. 첫째, 돈 버는 것은 중요하지 않다. 둘째, 건강이 최고다. 셋째, 가족을 챙겨라. 대부분 그 연배가 되면 경제활동으로부터 멀어지기 시작하니, 돈 버는 게 중요하지 않다고 강조함으로써 스스로를 위로하는 듯합니다.

이런 메일은 대체로 고즈넉한 자연풍광을 배경 이미지로 깝니다. 그냥 사진 한 장 올리는 것이 아니라 플래시 애니메이션으로 잔잔한 물결 효과를 내기도 하죠. 요즘에는 사회복지의 일환으로 구청 등에서 스위시 같은 프로그램을 가르치는데, 그걸 배워서 만드는 겁니다. 중장년층의 커뮤니티에 가보면 '스위시 배우기' 같은 카테고리를 심심치 않게 볼 수 있습니다. 말이 쉽지, 일부러 교육과정에 등록하고 배우고 실습해가며 익혀야 하는 만큼 시간과 품이 많이 들어가는 작업입니다. 이런 프로그램을 다룸으로써 사진, 음악, 영상효과를 추가하여 감정을 더욱 감성적으로 전달하고 컴퓨터 실력을 뽐내기도 합니다.

어르신들은 굳이 몰라도 되는 애니메이션 기법까지 배워가며 왜 이렇게 열심히 좋은 글귀를 올릴까요. 그 이유를 데이터를 통해 알아볼 수 있었습니다. 60대 후반 여성이 어느 60대 카페에 가입한 후 받은 쪽지를 저희에게 공개해 주셨습니다. 그분이 카페에 가입인사를 하자 하루 만에 71통의 쪽지가 날아왔습니다. 말할 것도 없이 전부 할아버지들이 보낸 것으로, "동지섣달 긴긴 밤에…"로 시작되는 '작업용' 멘트가 대부분이었습니다. 물론 이것은 이분이 할머니이기 때문입니다. 할아버지가 가입하면 한 통도 오지 않습니다. 짝사랑하는 여학생에게 김소월 시를 적어 보내던 십대 시절의 감성 그대로, 할아버지들은 지금도 그녀에게 쪽지를 보내고 있었습니다.

이는 무슨 뜻일까요? 흔히 사람들은 나이 들면 사랑의 감정이 없어질 것이라 생각합니다만 천만에요, 사람은 죽을 때까지

사랑하는 존재입니다. 많은 자녀들이 부모님 중 한 분이 돌아가시면 남은 분이 혼자 사시기를 희망합니다. 돌아가신 분의 빈자리를 누군가가 채우는 것이 쉽게 받아들여지지 않기 때문일 테죠. 하지만 막상 본인이 남겨지면 생각이 달라지지 않을까요? 실제로 60대 이상의 홀로된 분들에게 무기명으로 조사를 해보면 가장 하고 싶은 것 1위가 동거라고 합니다. 결혼은 법률적인 절차도 번거롭고 결정적으로 상속 문제가 걸려 있으니 동거라도 하고 싶다는 것입니다.

노년의 사랑에 대해 관심을 갖게 된 것은 어느 기업의 의뢰가 계기가 되었습니다. 요실금 팬티를 개발했는데 판매가 예상보다 저조해서 이유를 분석해보니, 노인들의 남녀관계에 대한 이슈가 나온 것입니다. 노인들도 이성에게 멋있어 보여야 합니다. 그런데 요실금 팬티의 형태가 할머니 느낌을 너무 많이 줬습니다. 쉽게 말해 섹시하지 않은 것입니다. 게다가 TV 광고에서는 마트에서 장보는 할머니 할아버지들에게 '요실금 있으신 분 손 들어보세요'라고 묻고 대다수가 손을 번쩍 드는 상황을 연출합니다. 그만큼 노년에 흔한 증상이라는 것을 보여주려는 의도였겠으나, 얼마나 굴욕적이고 폭력적인 설정인가요. 극구 숨기고 싶어 하는 증상을 '병'이라 치부하며 손을 들라니요.

문제해결은 제형과 커뮤니케이션 방식을 바꾸는 데 있었습니다. 다시 제작된 광고에서는 '속옷처럼 티 안 나고 편안하게'를 강조했습니다. 더욱 감동적인 설정은 사랑하는 아내의 고충을 알게 된 남편이 먼저 요실금 팬티를 입음으로써 아내를 배려하는 장면입니다.

이것은 무슨 뜻일까요? 매출 부진의 이유가 기술력이 떨어져서가 아니라 상대방에 대한 이해가 부족했기 때문이라는 것입니다. 사회적 통념이나 기업의 가설처럼, 나이 들었다고 해서 사랑에 대한 욕구가 사라지는 것은 아닙니다. 그런데 젊은 사람들은 이러한 사실을 피부로 느끼지 못합니다. 자신이 아직 안 늙었거든요.

자, 조금 더 깊이 들어가 볼까요. 욕망이 있는 곳에 비즈니스가 생기는 법, 노인들의 욕망이 연결되는 산업은 물론 이것만이 아닙니다. 60대 카페에 가보니 '정모' 사진들이 보입니다. 그분들이 입고 있는 옷들은 비슷합니다. 태반이 아웃도어이고, 대부분 고어텍스 로고가 박혀 있습니다. 생각건대 지난 10여 년 동안 자식들이 어버이날에 사드린 선물이 크게 다르지 않습니다. 큰맘 먹고 고어텍스 로고가 박혀 있는 고가의 아웃도어를 사드렸을 겁니다.

고어텍스는 방수기능에 발수성이 있고, 통기까지 되는 훌륭한 섬유입니다. 이것으로 만든 옷을 입으면 히말라야에도 갈 수 있죠. 그런데 그 옷을 입고 우리는 동네 뒷산에 갑니다. 고작 해발 150m를 오르는 데 고어텍스가 왜 필요할까요?

가격 때문입니다. 기능성 원단일수록 고가이기 때문에 고어텍스 로고가 박혀 있으면 그 재킷은 다른 무명의 원단을 사용한 것보다 비싸며, 사람들도 이 사실을 잘 알고 있습니다. 그래서 고어텍스 재킷을 입고 있는 김 영감님은 옆집 박 영감보다 돋보입니다. 그런 옷이 여러 벌 있으면 더 부자로 인정받죠. 사정이 이렇다 보니 우리나라 아웃도어 시장이 한때 6조 9000억 원 규모로까지 불어나기도 했습니다.[8] 이제는 그 자리를 한 벌에 수십만 원에서 수백만 원에 이르는 고가 패딩이 차지했지만요. 처음에는 한국에서 아웃도어가 팔리는 이유가 우리나라 지형의 70%가 산이어서 그렇다는 추측도 있었다지만, 150m 올라가는 데 무슨 말씀. 그럼에도 아웃도어를 마케팅하는 사람들은 통기성과 발수성을 말해야 합니다. 그게 그 옷이 비싼 이유이고, 기꺼이 지갑을 여는 구실이 되어주기 때문입니다.

이것이 마케팅입니다. 마케팅은 숨겨진 욕망을 끝까지 뽑아내는 작업입니다. 그리고 그것을 에둘러 표현해야 합니다. 대놓고 이야기하면 품격이 떨어져서 그것을 사는 사람들까지 없어 보이게 만들거든요. 기업은 그들이 떳떳하게 살 수 있는 명분을 만들어주어야 합니다.

스포츠카 마케팅도 이와 유사하죠. 스포츠카라 하면 무엇이 떠오릅니까? 문 두 개밖에 없는 빨간색 컨버터블이 생각날 겁니다. 주로 450마력에 최고 속도 시속 300km의 스펙을 자랑합니다. 그런데 한국에서는 그걸 몰고 강남역에 갑니다. 차가 막혀서 시속 20km 이상은 속도를 못 냅니다. 사람도 많이 못 타는 데다 내리기도 불편하고 연비도 형편없으니 실용성은 아무리 봐도 꽝이군요. 게다가 그렇게 비싼 차는 감가상각률이 무지막지해서 차 열쇠를 받자마자 반값이 됩니다. 2억이 1억이 되는 셈이죠. 한마디로 이런 쓸데없는 차를 타는 사람은 그 자리에서 현금 1억을 불사른 셈입니다. 그런데도 스포츠카를 사는 이유는 그 비싸고 멋있는 차를 타면 본인도 돋보이기 때문이겠죠. '좋은 차는 승차감보다 (남들에게 과시하는) 하차감'이라는 말이 괜히 나온 게 아니라는 겁니다. 하지만 스포츠카 회사는 '부족한 매력을 돈으로 채우라'는 메시지를 노골적으로 말할 수 없습니다. 어쨌거나 마케터는 450마력을 얘기해야 합니다. 그게 그 차가 비싼 이유이기 때문입니다.

이게 마케팅입니다. 마케팅의 관점에서 볼 때 기술은 두 번째입니다. 그것보다 그 기술이 인간에게 어떠한 형태의 본능과 욕구를 끌어내는지 봐야 합니다. 그래야 제품에 적절한 형태의 소구나 메타포를 집어넣을 수 있습니다. 이 작업을 잘하려면 인간의 욕망을 끝까지 추적해보는 집요함이 필요합니다.

우리의 기득지가 짐이 된다

사람들에게 마트는 일상적인 구매가 일어나는 장소이지만, 쇼핑은 일탈적인 이벤트입니다. 이러한 인식에 따라 행동도 달라집니다. 일상적인 구매에서는 경제성이 중요하므로 마트는 '매일매일 최저가Everyday low price'를 외칩니다. 하지만 쇼핑에서는 고객이 알아서 '지릅니다.' 쇼핑은 속성 자체가 이벤트이며 충동적이죠. 만약 여러분이 물건을 만들어 판다면 어느 영역에 있어야 할까요? 당연히 일탈에 있어야 합니다. 그쪽이 부가가치가 훨씬 높기 때문입니다.

문제는 일상과 일탈이 변화한다는 겁니다. 내가 일탈이라 생각했던 것이 어느새 일상이 된다면 기대한 만큼의 부가가치를 얻을 수 없는 것은 당연합니다.

잠시 2010년으로 돌아가 보죠. 그때는 일탈이었지만 몇 년만에 일상의 영역으로 들어온 것이 있습니다. 대표적인 것이 아메리카노입니다. 아메리카노의 대중화는 여러 커피 종류 중에서도 단연 눈에 띕니다. 소셜미디어를 분석해보면 아메리카노는 2008년 이후 400% 이상 관심도가 증가해 카푸치노, 카페라테 등 다른 커피 종류와는 비교할 수 없는 약진을 보여줍니다.

2010년의 아메리카노가 어떤 것이었는지 기억하십니까? 한마디로 사치의 상징이었습니다. 사람들은 맛도 없는 쓴 물을 왜 비싼 돈 주고 사먹느냐고 스타벅스에 가는 여성들을 비난했습니다. 그런데 지금은 아저씨가 점심 먹고 숭늉처럼 아메리카노를 마십니다. 밥값보다 비쌌던 것이 이제는 900원에도 팔고 미용실에 가면 공짜로도 줍니다. 용돈 받는 아저씨까지 소비한다는 것은, 이제는 누구나 다 즐긴다는 뜻입니다. 예전에는 지위재이자 사치재였던 아메리카노가 지금은 일상재로 바뀐 것입니다.

이와 정반대로 일상에서 일탈로 바뀐 것이 있습니다. 속옷이 그런데요. 옛날에는 BYC 등의 상점에서 소박한 흰색 위주로 골랐는데, 지금은 갑남을녀가 빅토리아시크릿에서 가터벨트 속옷을 삽니다. 디자인도 화려하고 과감해져서, 과거의 속옷은 감추기 위한 옷이었다면 지금은 보여주기 위한 옷 같습니다. 10년 전에 빅토리아시크릿이 국내에 들어왔으면 성공하기 쉽지 않았겠지만 지금은 다양한 속옷 브랜드가 주요 상권마다 포진해 있습니다. 그만큼 장사가 된다는 뜻이죠. 한국 사회가 과거보다 개방적이 되었다는 방증이고요. 이 흐름을 잘 타면 기존에 없던 컨셉을 시장에 내놓을 수 있습니다.

몇 년 전에 JTBC가 〈마녀사냥〉이라는 프로그램으로 인기를 끌었던 것도 같은 이유입니다. 옛날에는 그런 프로그램을 만들면 방송통신심의위원회에 가서 징계를 받았지만, 이제는 상을 받습니다. 이제 성(性)을 어둡고 비밀스러운 것으로 치부하지 않고 좀 더 밝게 공론화할 수 있는 사회로 변화하고 있음을 보여주는 또 하나의 예입니다.

〈마녀사냥〉 프로그램을 기획할 당시 담당 PD가 제게 자문을 구한 적이 있습니다. 과감한 포맷이니 될 것 같은지 아닌지 의견을 달라는 것이었는데요, 전 무조건 된다고 했습니다. 왜냐하면 그 프로그램이 당시 20대의 삶을 그대로 보여주기 때문이었습니다.

세상에서 가장 편한 마케팅이 무엇인가 하면, 이미 있는 민낯을 보여주는 것입니다. 대부분 없는 것을 억지로 상상해서 만들려다가 실패하는데, 이미 있는 것을 건드려주면 실패하기가 어렵습니다. 특히 현재 사람들이 암암리에 실천도 다 하고 있는데 차마 대놓고 말하지는 못했던 금기를 깨주면 큰 성공을 거둘 수 있습니다. 20대 청춘들의 머릿속은 온통 사랑과 연애로 가득하고 열심히 실행에 옮기는데, 그런 이들에게 순결을 강요하면 죄책감을 느낍니다. 그런데 '괜찮아, 다 해~' 하며 유쾌하게 풀어내니 20대들이 기뻐하며 자진해서 카메라 앞에 서는 것 아닐까요.

더욱이 기성세대들의 눈에도 맑고 성실하고 건강해 보이는 세칭 유명 대학의 학생들이 나와서 본인의 연애담을 간증하니, 하라는 공부는 안 하고 연애나 한다는 '까진 애들'에 대한 기존의 선입견을 불식시키며 당당하게 콘텐츠를 즐길 수 있게 되었던 겁니다.

물론 〈마녀사냥〉을 보며 혀를 끌끌 차는 이들도 있었을 겁니다. 그러나 이미 세상은 그들이 주류가 아닙니다. 어제까지 우리의 상식이었던 것이 오늘은 더 이상 상식이 아닌 숨 가쁜 세상입니다. 아메리카노나 속옷의 위상 변화처럼 일상과 일탈은 끊임없이 변화하고 있습니다.

우리는 변화의 흐름 속에서 일탈의 지점을 찾아내 비즈니스를 해야 합니다. 움직이는 과녁을 맞히듯 어려운 과업이 우리 앞에 놓인 것이죠. 심지어 오늘날은 한 사회의 욕망과 니즈를 보는 것만으로는 부족합니다. 글로벌 시대인 만큼 이제는 문화적 차이까지 고려해야 합니다. 예컨대 여러분이 세탁기를 수출한다면 미국, 영국, 독일, 프랑스에 각각 어떻게 팔아야 할까요? 이에 대한 해답을 얻으려면 세탁기를 사용하는 그 나라만의 특성을 알아야 합니다.

말이 나온 김에 세탁기 사용과 관련한 국가별 특징을 알아볼까요. 소셜미디어에서 가장 먼저 눈에 띄는 특징은, 어느 나라나

빨래는 남자가 하지 않는다는 것이었습니다. 쓰레기 버리기, 정원 가꾸기, 설거지, 요리도 남자들이 많이 하는데 유독 빨래는 세계적으로 남자들이 안 합니다. 이유는 모르겠습니다. 신기하죠. 이런 공통점(?) 말고 어떤 차이점이 있는지 살펴보겠습니다.

가장 먼저 눈에 띈 차이점은 세탁기가 놓이는 곳입니다. 독일은 지하실에 세탁실이 따로 있습니다. 반면 영국은 주방에 있죠. 식기세척기와 위상이 비슷하다고 할까요. 그래서 이사할 때 주방에 있던 세탁기를 떼서 가져갑니다. 이미 크기가 정해진 주방에 들어가야 하니 큰 세탁기를 넣을 수 없습니다. 그래서 영국에서는 작은 세탁기를 팔아야 합니다.

프랑스는 세탁기가 욕실에 있습니다. 욕실이 작아서 안 들어가면 할 수 없이 주방에 넣는데, 프랑스인들은 이걸 매우 싫어한다고 하네요. 프랑스에서 주방은 일종의 성지聖地인데, 그곳에 지저분한 빨래를 들이기 싫은 것이죠. 그래서 부엌에 세탁기를 넣어야 할 때는 수납장을 짜서 숨겨버리기도 한다고 합니다.

이처럼 각각의 국가마다 생활환경이 다릅니다. 위도, 경도, 지형, 문화, 관습 모두 다르니 당연한 것인지도 모르겠습니다. 하지만 기업은 이들 세 나라를 위해 따로따로 제품을 만들 수 없을 때도 많습니다. 제품을 따로 만들면 가장 정확하겠지만 세부적으로 쪼개면 시장이 작아지기 때문에 어떻게든 단일 모델로 만들되, 팔 때 각기 다른 메시지로 팔아야 합니다. 기능을 숨기고, 강조할 것을 국가별로 따로 뽑아내야 합니다. 이것이 곧 현지화입니다.

이와 비슷한 문화적 차이는 얼마든지 있습니다. 중국 사람들이 생각하는 한국, 일본, 중국 여성들의 아름다움이 각각 어떻게 다른지 알아볼까요. 아모레퍼시픽이 중국 시장에서 더욱 성장하기 위해 진행한 프로젝트의 일환이었습니다.

3개국 공통으로 가장 많이 나오는 단어는 'charming', 'beauty', 'pretty' 등이었습니다. 예쁜 외모는 아름다움의 기본이라는 뜻이겠죠. 당연한 조사를 한다고 생각하는 분도 있을지 모르겠지만, 그다음에 나오는 단어들에서는 차이가 드러납니다. 중국 여성은 패셔너블하고fashionable 자신 있고confident 전문적인professional 현대 여성 이미지가 강한 반면, 일본 여성은 우아하거나graceful 귀엽거나cute 혹은 반대로 전위적인avant garde 이미지였습니다. 그렇다면 한국 여성은? 섹시하고sexy 각선미가 좋은데nice leg, 특이하게도 인공적artificial이라는 의견이 있었습니다. 중국 사람들이 보기에 우리나라 미인들은 '의란성 쌍둥이'라는 뜻입니다. 아니라고 부인하기는 어렵겠군요. 우리나라 성형수술 실력은 세계적 수준이고, 서울 강남 인근의 전철 역사는 온통 성형외과 광고로 도배돼 있으니 말이죠. 인근 거리를 걷다 보면 어디선가 본 듯한 미인들이 지나가곤 합니다. 오늘날 한국 사람들은 아름다움에 대한 강박이 있어서, 얼굴에 바르는 것으로 성에 차지 않으면 뼈를 깎는 것도 마다하지 않습니다.

요즘에는 중국에서도 한국으로 성형관광을 오는 경우가 많지만, 그래도 중국 사람들은 수술로 해결하려는 경향이 우리보다 약한 편입니다. 대신 그들은 먹습니다. 피부는 오장육부를 반영한다고 생각하는데, 그중에서도 안색은 내장과 연관되므로 좋은 음식을 먹어서 예뻐지겠다는 것이죠. 실제로 데이터를 보면 중국에서는 '뷰티 푸드 먹을래?'에 대해 긍정적으로 대답하는 경우가 한국이나 일본에 비해 두 배 가까이 높습니다. 이 데이터를 바탕으로 아모레퍼시픽은 중국에 콜라겐 드링크를 출시해서 큰 성공을 거두었습니다.

화장품 기업이 우리나라 여성을 대상으로 드링크를 출시하는 그림은 쉽게 떠올리기 어렵습니다. 다이어트 효과는 2주일 안에 나타나야 하고, 그것도 기다리기 힘들어서 성형수술을 감행하는 한국 사람들은 오래 먹어야 효과를 보는 뷰티 푸드를 그리 선호하지 않습니다. 그런 소비자를 상대하던 국내 화장품 회사에서 해외용으로 드링크를 쉽게 기획할 수 있을까요?

아모레퍼시픽이 성공할 수 있었던 것은 한국 사람의 시선을 버렸기 때문입니다. 우리의 눈으로 바라본다면 결코 알 수 없는,

다시 말해 '이해 안 되는' 현상이 문화와 관습이라는 이름으로 그들에게서 일어납니다. 그들의 이해 못할 천태만상을 이해하기 위해서는 나의 시선을 버리고 그들의 시선을 차용해야 합니다. 그렇지 않고 우리의 시선과 우리의 상식만 고집했다가는 우리의 앞길이 가로막힐 수 있습니다.

생각해보면 그렇지 않나요. 우리는 누구나 지역과 계층 등 자신이 속한 모든 집단의 문화와 사고방식에 젖어 삽니다. 그 틀에서 생각하다 보니, 아무리 고민을 거듭해도 전혀 엉뚱한 방향으로 상상의 나래를 펼치기 일쑤죠. 창의성이 부족해서가 아니라, 자신이 알고 있는 틀 안에서 사고할 수밖에 없는 인간의 한계 때문입니다. 바르는 것으로 해결하는 사람이 먹는 것으로 해결하는 사람의 마음을 어떻게 상상하고 추론할 수 있겠습니까.

내가 알고 있는 상식과 지식, 우리의 기득지既得智가 새로운 일을 하는 데 오히려 짐이 되는 셈입니다.

지금까지의 삶에서 형성해온 이해는 '경험'이라는 소중한 자산으로 켜켜이 쌓이지만, 때로는 나의 기득지가 지금의 세상과 맞지 않는다는 것을 깨닫기도 합니다. 기술과 삶이 급변하는 사회 속에서 기존의 상식은 어느덧 유효기간을 다하고 있습니다. '감이 떨어졌다'거나 '이제 나는 트렌디하지 않다'고 한탄할 때가 딱 이런 상황입니다. '나도 왕년엔 잘나갔지'라고 스스로를 위로해봐도 씁쓸한 마음은 감출 수 없습니다. 개인적 감상이 이럴진대 만약 트렌디해야 하는 비즈니스를 하고 있다면 현 시대와의 차이만큼 나의 경쟁력이 줄어듦은 당연한 귀결일 것입니다. 어찌 보면 골치 아픈 일이죠. 많이 알고 많이 경험할수록 도움이 되어야 하는데, 내가 쌓아온 경험이 오히려 허들hurdle이 되다니요.

이 상황을 타개할 해법은 무엇일까요? 미친 듯한 크리에이티브? 아뇨, 저는 오히려 상상하지 말라고 말하고 싶습니다. '함께 모여 자신의 느낌을 공유하는' 본래 의미로서의 상식common sense을 계속 현재시제로 업데이트해 유지하려면, 상상하지 말고 관찰해야 합니다.

창의성만이 세상을 구원할 것 같은 시대에 상상하지 말라는 말은 어불성설인 것 같습니다. 상상하지 말라는 것을 상상력을 발휘하지 말라는 뜻으로 오해하지는 않았으면 좋겠습니다. 상상력은 물론 필요합니다. 데이터는 결과가 아니라 씨앗일 뿐이므로, 결과를 낳기 위해서는 데이터를 토대로 상상력을 발휘해야 합니다.

단, 제가 하고 싶은 말은 처음부터 상상하지는 말라는 것입니다. 여러분이 알고 있는 것으로 생각을 시작해서는 안 됩니다.

새 물을 뜨려면 그릇에 담긴 물을 버려야 합니다. 여러분 머릿속에 있는 그것, 어렴풋하게 알고 있는 그것, 과거에 알고 있던 그것, 그 모든 기득지를 버리는 것부터 시작합시다. 그래야 새로운 것이 담길 수 있습니다.

여러분이 알던 것은 과거의 사회상입니다. 세상은 지금도 변화하고 있습니다. 그것을 인정하자는 것입니다. 보고 싶은 대로, 과거의 잣대로 현재를 상상하는 습관을 멈추십시오. 지금까지는 여러분의 지식이 여러분을 지켜주었을지 모르지만, 그 지식이 좁고 낡은 것으로 판명 나는 순간 여러분의 지식은 회사가 여러분을 버리는 구실이 될지도 모릅니다.

그러니, 버려라.
함부로 상상하지 말라.
무엇을 상상하든 현실과는 다를 테니.

2장

관찰 :
_____

상상하지 말고
관찰하라

우리나라 블로그에서 '부산의 먹거리'를 검색해보면 가장 많이 나오는 것이 씨앗호떡입니다. 부산에 가면 일단 씨앗호떡은 먹어줘야 하나 봅니다. 그다음에 전국적 히트상품이 된 빙수, 밀면, 냉채족발 등 우리가 익히 알고 있는 부산의 명물 먹거리 리스트가 죽 나옵니다. 그렇다면 부산 사람들은 자신들의 먹거리와 관련해 무엇을 가장 많이 말할까요? 그래서 같은 방식으로 조사를 해보니, 1등은 레스토랑이었습니다.

부산 사람들 역시 서울이나 다른 곳에서 유행하는 브런치를 먹고 싶어 하는데, 사람들은 '부산' 하면 씨앗호떡만 떠올립니다. 부산에서는 삼시세끼 그것만 먹을 것처럼 말이죠. 아마 타지 관광객과 현지인의 차이겠죠. 이처럼 입장에 따라 생각의 차이가 있습니다. 그런데도 '부산 하면 호떡'이라며 호떡가게를 낼 생각만 한다면? 소수 관광객을 대상으로는 장사가 될지 몰라도 대다수 부산 현지인들의 입맛을 사로잡을 수 있을까요?

이것이 바로 상상보다 관찰이 선행되어야 하는 이유입니다. 부산 번화가에서 음식점을 차리려는 사람이라면 호떡가게를 열게 아니라 서울에서 유명한, 그래서 부산 사람들도 한 번쯤 가보고 싶어 하는 브런치 가게를 열어야 합니다.

'할인쿠폰은 밤 9시에'

많은 여성들이 아침마다 화장하느라 바쁜 줄은 누구나 압니다. 매일 평균 32분을 화장에 쓰고 있다는 조사를 보면, 잠이 모자란 분들은 아침식사와 화장을 맞바꾸고 싶은 유혹을 이기기 어려울 듯합니다.

화장은 하루 한 번으로 끝나는 것이 아닙니다. 소셜 네트워크에 올라온 텍스트를 분석해보면 하루에 무려 4번이나 고친다고 하네요. 아침 화장 말고, 글자 그대로 '고치는' 것만 4번입니다. 일단 오전 10시에 고치고, 점심 먹고 나서 1시에 다시 고칩니다. 오후 4시에는 퇴근 이후를 준비하며 공들여 고칩니다. 여기까지는 남자인 저도 알 것 같습니다. 그런데 마지막 고치는 시간이 밤 10시였습니다. 밤 10시에 왜 고칠까요? 그 이유는 무섭게도, 셀카selfie 때문이었습니다. 아무도 봐주지 않는 그 밤중에 오직 셀카를 찍겠다는 일념으로 화장을 고치는 겁니다.

누가 왜 밤중에 화장을 고치냐고 물어보면 '셀카 찍으려고요' 라고 말할 사람은 많지 않을 것 같습니다. 이런 것은 물어보기도 어렵고 대답도 잘 해주지 않습니다. 일단 그 시간에 화장을 고칠 것이라고는 감히 상상하지 못하기 때문에 물어볼 생각을 못합니다. 물었다 해도 민망해서 대답하지 않거나 정말 몰라서 대답하지 못할 테고요. 어제 뭐했냐는 질문에 대답할 수 있을 것 같지만, 어제 2시 27분에 뭐했냐고 물으면 기억을 못합니다. 오늘 아침에 무슨 일이 있었는지도 가물가물한 게 사람의 기억력 아닌가요? '밤 10시 셀카' 같은 것들은 소셜 네트워크로 그녀들의 삶을 관찰했으니 찾을 수 있었던 것입니다.

많은 기업이 소비자의 욕구를 파악하기 위해 질문을 활용합니다. 다양한 사람들에게 전방위적 설문을 하기도 하고, 몇몇 사람들에게 깊게 묻기도 합니다. 그러나 '뭘 갖고 싶으세요?'라고 질문한다고 소비자들의 니즈를 정확히 알 수 있을까요? 그럴 가능성은 높지 않은 것 같군요. 우선 그들이 정확한 대답을 해주지 않을 위험이 있는 데다, 내 질문 자체가 잘못되었을 위험은 더

큽니다. 질문을 만들 때부터 나의 주관이 들어 있는 경우가 많기 때문이죠. '너 뭐 좋아하는데? 딸기랑 사과 중에 골라.' '난 배 좋아하는데?' '됐어. 배는 안 팔 거야.' 말하자면 이런 식입니다. 질문한다면서 은근슬쩍 대답을 유도하거나 데이터를 마사지해서 결과를 미묘하게 바꾸거나, 마음에 들지 않으면 폐기하기도 합니다.

질문자의 상상을 넘어서는 대답을 얻어내야 하는데 대부분 자신의 가설을 합리화하기 위해 질문을 활용하는 것이 현실입니다. 많은 CI Customer Insight 부서들이 일상적으로 겪고 있는 문제들이죠. 스스로가 질문을 가지고 있지 않은 경우가 많다는 겁니다. 질문은 마케터나 상품기획자가 쥐고 있고, CI는 그들이 만든 질문의 답이라고 생각되는 것들을 검증하는 데 그치는 경우를 말합니다.

최근 마케팅 트렌드는 질문하는 대신 관찰하는 것입니다. 관찰하고, 관찰하고, 관찰할 때, 그 자신조차 모르고 있었던 그를 알 수 있습니다. 기업은 그들의 일상이 상황에 따라 어떻게 달라지는지 확인하고, 그때 필요한 것을 놓아두면 됩니다.

예컨대 월요일에는 화장을 일찍 합니다. 출근길 차가 막히니 서두르는 것이죠. 금요일에는 오후 4시가 아니라 5~7시에 화장을 고칩니다. '불타는 금요일'이니까요. 이처럼 화장품에 대한 관심이 깨어나는 시간대가 요일마다 다르므로 화장품 광고도 요일마다 다른 시간대에 해야겠죠. 이처럼 사람들의 행동을 관찰하고 있다가 '목 마르다' 할 때 물을 주는 겁니다. 이것을 '순리順理'라 하죠. 순리대로 사는 삶에는 거스름이 없습니다.

그런데 우리는 어떤가요? 상대방은 아무 생각도 없는데 얼른 가서 팔라고 임원은 팀장을, 팀장은 팀원들을 닦달합니다. 당장 달성해야 할 분기 목표가 있기 때문입니다. 하지만 분기 목표는 기업 사정이고, 소비자는 그 물건이 필요 없으니 기업을 문전박대합니다.

그러니 문전박대당하지 않으려면, 내가 팔고 싶을 때 파는 것이 아니라 상대가 무얼 원하는지부터 관찰해야 합니다.

예컨대 사람들에게 '지름신'이 강림하는 시간대는 오전 11시, 오후 2시, 밤 9시입니다. 소셜 네트워크에 이 시간대에 유독 '지르다'는 표현이 많이 나옵니다. 일과 시간에는 일하는 틈틈이 딴 짓을 하며 지르는 것이라면, 퇴근해서 씻고 하루를 정리하는 9시부터는 본격적으로 쇼핑을 시작합니다. 이 시간대에는 으레 내가 왜 이 고생을 해서 돈을 버는지 회의가 들면서 내 인생이 억울해집니다. 그래서 날 위해 뭐라도 사야겠다는 생각에 지릅니다. 두 번째 위기는 술 마시고 들어온 새벽 1시에 옵니다. 이때는 밤의 감성과 알코올의 합동공격이 절정에 이르므로 아무도

신의 강림을 막을 수 없습니다.

따라서 여러분이 쇼핑몰에서 물건을 팔고 있다면, 할인쿠폰은 밤 9시와 새벽 1시에 주어야 할 겁니다. 너무 일찍 주면 잊어버리고, 매일 주면 버리니 주의하세요. 이처럼 무슨 일을 하든 다 때가 있습니다. 물론 그 '때'란 사람들이 필요로 할 때죠. 그들의 행동을 잘 관찰했다가 그들이 필요로 할 때 옆에 있어주면 됩니다.

이 때문에 상상보다 관찰이 먼저라는 것입니다. 사람들의 욕망을 보고 나면 무엇이든 할 수 있습니다. 마케팅할 때에도 상상할 필요가 없습니다. 사람들의 속마음, 그 민낯을 가감 없이 전달하면 길은 자연스럽게 열립니다. 자꾸 '너 이거 원하지?' 하며 자신이 상상한 대로 주려고 하니까 사람들의 생활로 체화되지 않는 것이죠. 그런 상태에서는 아무리 신기한 물건이 나와도 '흥미로운데?' 하고 잠깐 보고는 안 삽니다. 그런데도 '내가 외국에 가보니 이런 아이템이 대박인데 아직 한국에는 없으니 무조건 된다'는 식의 단편적 정보와 지식만으로 쉽게 일을 벌이는 사람들이 너무 많습니다. 그래봐야 다 망하는데요. 신기한 것이 모두 일탈은 아니기 때문이죠. 우리의 삶 안에 이미 내재돼 있어서 '톡 건드려주면 터질 것 같은' 욕망을 건드리는 아이템이어야 성공할 수 있습니다. 사람들의 삶에 여러분의 비즈니스가 체화되기를 원한다면, 섣불리 무언가 만들려 하지 말고 그들의 욕망을 빌려오시기 바랍니다.

자, 그러면 인간의 욕망을 관찰하는 방법을 몇 가지 사례를 통해 살펴볼까요.

소셜미디어의 1년 치 데이터 15억 건을 읽었더니 반복되는 다양한 삶의 패턴이 나타났습니다. 자정에는 잠이 오지 않아 TV를 보고, 새벽 2시에는 층간소음 때문에 천장을 두드립니다. 해외 축구를 좋아하는 사람들은 새벽 4시에도 일어나는군요. 버스로 출근하는 사람들은 차가 막힐 수 있으므로 아침 6~7시에 출근길에 올라 차에서 모자란 잠을 보충하는 반면, 지하철로 다니는 사람들은 8시에 전철을 타고 휴대폰으로 동영상을 보며 회사에 갑니다.

출근해서 9시에는 커피를 한잔 마시고, 10시부터는 점심에 뭘 먹을지 고민합니다. 점심을 먹고 나서는 다시 커피를 한잔 마시고, 오후 4시에는 딴짓을 하거나 동료들끼리 모여 마음에 안 드는 윗사람 흉을 봅니다. 6시에는 상사가 퇴근하기만을 기다립니다. 아, 이제는 상사 눈치 안 보고 '칼퇴'하는 직장도 많아졌죠. 밤 9시에는 나에 대한 보상으로 옷을 지릅니다. 11시에는 잠깐 책을 읽기도 하지만, 자정에는 또다시 잠이 오기를 기다리며 TV

를 봅니다. 작은 차이는 있지만, 큰 틀에서 한국 직장인들의 일상은 대개 이러합니다.

여기서 보면 커피는 하루에 3잔 정도 마시는군요. 오전 9시, 오후 1시와 4시. 저도 아침에 커피부터 찾을 때가 있습니다. 아침 일찍 강의가 있는데 전날 잠을 많이 못 잤을 때입니다. 직장인들 중 상당수가 아침에 출근하면 커피 마시는 게 습관처럼 돼 있습니다. 어제 마신 술 때문에 머리가 멍하거나, 또는 아침을 못 먹어서 커피로라도 빨리 뇌를 깨우려는 것입니다. 실제로 뇌는 매우 탐욕적이어서 우리 몸의 전체 에너지 중 20%를 쓴다고 합니다.[9] 그런데 아침밥을 걸렀으니 설탕이 듬뿍 든 커피를 마시며 당을 보충하는 것이죠.

이것은 비단 어제오늘의 이야기가 아닙니다. 이미 200여 년 전 산업혁명 당시에도 공장의 고용주가 노동자들에게 커피를 공짜로 제공했다고 합니다.[10] 그거 마시고 졸지 말고 깨어 있으라는 것입니다. 여러분의 회사에서도 여러분 마시라고 커피를 비치해두지 않았나요? 그것은 말하자면 직원들을 카페인으로 착취하는 겁니다. 말로는 복지라고 하지만, 직원들을 위한다면 건강에 좋은 우유를 줘야 하지 않을까요. 하여튼 아침에 마시는 커피에는 이런 이야기가 숨어 있습니다. 그래서 모닝커피는 설탕이 듬뿍 든 믹스커피입니다.

두 번째 커피는 오후 1시의 커피인데, 아침과는 사정이 전혀 달라집니다. 연상해보죠. 서울 사대문 안쪽 빌딩가의 풍경입니다. 그곳에는 대한민국 부모들이라면 누구나 선망할 법한 회사들이 있죠. 그런 기업들은 대개 구내식당을 운영해 저렴한 가격에 식사를 제공합니다. 직원들은 그곳에서 4000원짜리 쿠폰으로 밥을 사고, 그나마 다이어트를 한다며 절반쯤 남깁니다. 그런다음 1층에 있는 커피전문점에 가서 6000원을 호가하는 프라푸치노를 삽니다. 분명히 다이어트를 한다고 했는데, 크림을 얹은 음료는 300칼로리가 넘습니다. 남긴 점심의 두 배 칼로리를 먹는 셈이죠. 이때는 무조건 테이크아웃으로 삽니다. 그런 다음 산책이나 하자는 명목 하에 회사 앞을 왔다갔다 걸어 다닙니다.

가만히 보면 그들의 목에 하나같이 회사의 사원증이 인식표처럼 걸려 있습니다. 이것이 중요합니다. 그들이 식후 마시는 커피는 단순한 커피가 아니라, 내가 아직은 주류사회에서 잘 버티고 있다는 사실을 주변에 자랑하며 잠시 위안을 얻는 일종의 제례의식ritual 같은 것입니다. 그래서 수많은 커피전문점 중에서도 굳이 비싼 데를 갑니다. 사원증 목걸이와 비싼 카페의 테이크아웃용 컵은 그들의 신분을 드러내주는 일종의 지위재인 셈입니다.

세 번째 커피는 오후 4시의 커피입니다. 사무용 건물을 보면 으레 약간 후미진 곳에 조용한 커피숍이 하나씩 있죠. 브랜드도 생소하고 인테리어도 그저 그래서 저런 데가 장사가 될까 싶은데, 의외로 단골이 많습니다. 거기에 누가 있느냐면, 회사의 35세 미만 대리급 이하 직원들이 모여 있습니다. 이유는? 빤하지 않나요, 상사들 흉보는 겁니다. "우리 부장 미친 것 같아. 아침부터 사이코처럼 꼰대질 해." 하루 종일 회사 상사가 저지른 온갖 불합리한 행위에 대한 뒷담화가 이루어지는 것이죠. 예전에 흡연이 자유로웠던 시절에는 건물 앞뒤에 이런 사람들이 무리지어 있었습니다. 담배 안 피우는 사원까지 합세했다면 그 자리의 의도는 더욱 명확해집니다. 오후 4시의 '커피나 한잔 해'라는 말은, 그러니까 일종의 암구호 같은 것이죠. 그것을 어떻게 아느냐, 상사가 다가가면 직원들이 일제히 말을 멈춥니다. 그러고는 인사 꾸벅 하고 뿔뿔이 흩어집니다. 평소에 여러분이 다가갔을 때 직원들이 갑자기 말을 멈추고 흩어진다면 회사에서 여러분의 위상을 되새겨보시면 좋겠습니다. 그런 경우의 커피는 '해우소解憂所의 커피'입니다.

그렇다면 여러분이 앞으로 성공적으로 직장생활을 마감한 이후 퇴직금으로 커피 관련 사업을 한다면 어떤 커피를 팔아야 할까요? 아침 9시의 고객에게 팔고 싶다면 자판기를 운영해도 됩니다. 하지만 1시의 고객에게 팔겠다면 친구와 동업하는 한이 있어도 사대문 안쪽에 최대한 그럴듯한 외국계 브랜드를 내야 합니다. 단가는 높을수록 오히려 더 좋습니다. 4시의 커피에는 브랜드가 필요 없습니다. 대신 다른 사람의 눈에 쉽게 띄지 않을 만큼 으슥하고 아늑한 공간이 중요합니다. 숨어야 하니까요. (물론 카페를 하려면 앞 문장에 단서를 달았듯이 '성공적으로 직장생활을 마감'해야 합니다. 그래야 카페 창업이 가능한 3억~5억 원에 이르는 퇴직금을 수령할 수 있으니까요.)

우리가 마시는 것은 커피가 아닙니다. 아침에는 각성, 1시에는 위안, 4시에는 해우소라는 감성을 커피에 비유한 것에 불과합니다. '커피 한잔 하자'고 할 때의 커피는 애기 좀 하자는 뜻입니다. 커피는 이야기의 메타포일 뿐이죠. 사정이 이런데 커피를 팔겠다면서 아라비카 같은 품종과 맛에만 신경 쓰는 것은 현명한 판단이라 할 수 없겠죠. 그것보다는 테이블 사이의 간격이나 종업원 옷차림, 그리고 브랜드가 중요합니다. 세계에서 커피를 가장 많이 파는 스타벅스가 스스로 말하지 않던가요. 자기네가 파는 것은 커피가 아니라 문화라고. 손발이 오그라드는 이런 말을 굳이 왜 하겠습니까? 그들이 커피를 판다고 하면 500원만 요구하는 것이 옳을 겁니다. 5000원을 받으려면 커피 이상의 무언가가 필요합니다. 그게 그들이 내세우는 문화인 것이죠.

이렇듯 같은 커피이지만 그 속에 담긴 의미는 맥락에 따라 달라집니다. 그 맥락에 따라 제품 속성도 달라지고, 브랜드도 달라지고요. 커피는 시간대마다 달라지는 사람의 감성을 파는 것입니다. 원료가 아니라 거기에 깃든 나의 마음을 팔아야 합니다. 이런 감성을 이해하지 못하는 사람은 커피 사업에 성공할 수 없습니다. 그들에게 커피는 원가 500원을 투입하면 5000원에 팔수 있는 쓴 물에 불과하고, 인테리어나 브랜드는 전혀 중요하지 않습니다. 정작 커피전문점을 찾는 사람들에게는 그게 매우 중요한데 말이죠.

욕망은 어딘가에 고인다, 그 지점을 찾아라

인간의 욕망이 어떻게 산업으로 전환되는지 좀 더 살펴볼까요? 가장 상징적인 매개물, '돈'에 대해 알아보죠. 자본주의 사회에서 돈이야말로 인간 욕망의 결정체이니까요.

사람들이 '돈'이란 단어를 입에 올릴 때는 십중팔구 돈이 부족하다는 말을 할 때입니다. 늘 아깝고 부족한 게 돈입니다. 재테크? 망했습니다. 몇 해 전만 해도 주식에 돈을 넣어라, 경매가 답이다 하면서 전 세대에 '재테크에 미쳐라'라는 메시지가 주입됐습니다. 그런데 이제는 굴릴 돈이 없으니 투자하기도 여의치 않습니다. 현재 금융업계의 상황이 딱 이렇습니다. 통장에 넣어둔 돈은 수익은커녕 손실만 나지 않으면 다행이죠. 소셜미디어에서 사람들이 '수익'보다 '원금'을 더 많이 말하기 시작한 지 이미 오래입니다. 심지어 사람들이 안도하는 기준이 '마이너스'가 아닐 때입니다. "벌어도 마이너스나 겨우 면하지, 뭐" 이런 말들을 합니다. 외벌이 4인 가족이라면 몇 백만 원 월급 받아서 마이너스를 면하기 쉽지 않은 게 사실이고요.

이게 우리의 현실이자 (아마도) 미래입니다. 300만 원 월급 받는 사람이 100만 원 더 벌면 잘살 것 같지만, 100만 원만큼 아이들 사교육을 더 시킬 뿐입니다. 사정이 이렇다 보니 남들이 부러워하는, 조금 잘나간다 싶은 회사 사람들 중에도 자살하는 이들이 의외로 있습니다.

자살에 이르는 과정을 거칠게 단순화하면 이렇습니다. 어디나 그렇지만 대기업은 일이 매우 많습니다. 중간관리자가 되면 스트레스는 더 극심해지죠. 그래서 그만두고 싶은 마음이 굴뚝같지만, 한창 학령기인 아이들이 눈에 밟혀 결심하기가 쉽지 않습니다. 대기업을 그만두면 그보다 규모가 작은 곳으로 이직해야 하는데, 그러면 당장 월급이 줄고 아이들 사교육을 줄여야 하거든요. 그러니 어떻게든 버텨보려 하다가 한계에 부딪혀 극단적 선택을 하는 것입니다.

개인의 한계를 다스려가며 의지를 갖고 잘 버텨보려는 사람들 앞에는 명예퇴직의 시련이 기다리고 있습니다. 사실 이 경우가 훨씬 더 많죠. 힘들어도 회사생활을 잘해보려 하는 사람을 기업이 내치는 겁니다. 한국은 경력 25년 차와 신입사원의 임금 차이가 3배에 이릅니다. 반면 독일은 1.3~1.7배입니다.[11] 임금 격차가 크지 않으면 연차가 높아도 회사의 부담이 적으니 종신고용이 가능한데, 한국은 부장이 되면 사람을 정리해야 합니다. 고도로 전문화된 일이면 숙련된 인력이 필요하지만, 대개는 업무가 표준화돼 있으므로 사원이나 중간관리자나 하는 일이 비슷한데 3배나 연봉을 주고 고용할 이유가 없다는 것이죠.

1980년대만 해도 월급을 현금으로 줬다고 합니다. 당시 회계팀의 주요 업무 중 하나는 매달 은행에서 돈 찾아서 봉투에 정확히 넣는 것이었다고 하네요. 직원들 월급을 맞춰서 일일이 봉투에 넣어야 하니 회계팀만 수십 명이었습니다. 사람이 하는 일이다 보니 오류가 나기도 하고 더러는 빼돌리기도 해서 큰 회사의 경우는 중간에 사라지는 돈도 없지 않았다고 합니다. 그러나 지금은 실시간 자동 입금되기에 1원도 오차가 나지 않습니다. 아무리 큰 회사도 회계팀은 몇 명 되지 않죠. 직원이 많지 않으니 당연히 관리도 필요 없습니다. 시스템이 잘 정비될수록 관리 업무는 줄어들게 마련입니다. 관리자들에게는 재앙이죠. 실제로 어느 대기업에는 매년 보직 없는 부장이 수십 명씩 나오기도 한 다니, 기업이 고임금 인력을 정리하는 추세는 뚜렷한 듯합니다.

생각해보면 아이러니하죠. 독일에서 부장에게 신입사원의 1.3배 정도만 줘도 되는 이유는 공적인 비용을 국가에서 충분 히 보조하기 때문입니다. 사회보장제도가 잘돼 있기에 교육비 의 개인 부담이 적고, 그래서 아이를 마음 놓고 낳을 수 있습니 다. 그러나 한국은 대부분의 비용이 개인의 몫이기 때문에 부장 들은 월급을 많이 받아야 합니다. 그런데 이제는 그 이유 때문에 부장을 자르니 아이러니가 아닐 수 없습니다. 부장은 차라리 적 게 받고서라도 회사를 다니고 싶은데, 기업은 덜 주기보다 정리 하는 쪽을 택합니다.

이 모든 것이 어쩌면 기를 쓰고 자녀를 대학에 보내려는 부 모들의 가련한 '올인'에서 기인하는 것인지도 모릅니다. 예전에 는 대학 나오면 그럭저럭 먹고는 살았으니까요. 대졸자와 그렇 지 않은 사람의 임금 격차가 심각한 수준인 데다 사회적으로 소 득재분배 시스템이 허술하기 때문에 사람들은 어떻게든 대학에 가려고 합니다. 하지만 막상 대학 가면 뭐하나요, 일자리가 없는 세상이 됐는데. 이런 악순환이 반복되고 있습니다. 안전판 없는 한국 사회가 에듀 푸어^{edu poor}를 낳고, 실업문제로 이어지고 있는 것입니다.

글로 옮기는 것만으로도 침울해지는군요. 이것이 우리 사회의 현재 모습입니다. 그런데 여기서 한 가지를 더 봐야 합니다. 인간은 항상 과거를 근거로 미래를 가늠한다는retrospective 사실입니다. 기성세대는 자신의 과거를 근거 삼아 '그래도 서울대 나오면 먹고 살아'라고 말했습니다. 이런 믿음이 있었으니 자녀교육에 올인할 수 있었습니다. 그런데 이제는 이 공식마저 깨지고 있고, '수익'이 아닌 '마이너스'가 당연시되고 있습니다. 그럼에 따라 우리가 그리는 미래상도 점점 암울해지고 있습니다. 우리의 현재가 그러하기 때문이죠.

소셜 네트워크를 보면 2011년을 기점으로 '현재'에 대한 대화가 '미래'를 앞질렀습니다. '카르페 디엠'이라고 긍정적으로 해석하기에는 상황이 너무 부정적입니다. 현재를 즐기고자 해서가 아니라 '미래가 없다'고 생각하기 때문에 미래를 말하지 않는 것이니까요. 과거 개발시대에는 경제개발 5개년 계획을 몇 차례나 하며 버텼습니다. 그때의 설득화법은 한마디로 '5년만 참으면 좋아진다'였고, 그때는 온 국민이 그 말을 믿었습니다. 이제는 이런 약속을 얼마나 믿을까요? 몇 년만 고생하면 집 살 수 있다, 승진할 수 있다는 말은 누구도 보장할 수 없는 공약空約이 되었습니다.

사회 흐름이 이러하니 연금이나 저축이나 주식 관련 업종은 어려워지고 있습니다. 미래가 있어야 없는 돈이라도 아껴서 준비를 할 텐데 그게 안 보이니 돈을 모으지 않습니다. 그래서 의미 없는 미래 대신 현재의 내 만족에 충실한 것입니다.

그렇다고 미래를 포기한 채 흥청망청 아무렇게나 현재를 사는 것은 아닙니다. 그러기에는 주머니가 너무 가볍고, 나는 너무 소중한 존재입니다. 사람의 욕망이란 억압될지언정 사라지지는 않는 법이니 어딘가에서 어떤 식으로든 발현되고야 맙니다. 최근에는 그것이 작은 사치, 이른바 '소확행'으로 나타나고 있습니다. 암울한 기분을 떨쳐버리고 싶지만 돈이 많지 않으니 소소하게 기분을 내는 것입니다. 사람이 밥만 먹고 살 수는 없고, 경제적으로 어렵더라도 기분은 내고 싶은 게 인지상정이니까요.

상징적인 것이 네일 아트입니다. 3만~5만 원을 주면 누군가가 정성껏 내 손톱을 다듬어주고 아름답게 꾸며주죠. 그 손맛을 한번 보고 나면 끊을 수 없다고 하네요. 또 손을 볼 때마다 자신이 귀하고 예쁜 존재가 된 것 같은 느낌까지 드니, 한 달에 한두 번씩 네일숍에 갈 이유가 충분하다고 합니다. "금붙이 사다 안겨줄 남자도 없으니 손톱에 기분이라도 내야지"라는 어떤 블로거의 말처럼 취업, 결혼, 출산을 포기하는 데 더해 연애조차 힘들다는 오늘날의 사회상에서는 이러한 작은 사치가 그나마 위안이 됩니다.

작은 사치에서 뭐니 뭐니 해도 가장 극명하게 드러나는 것은 '먹방', '먹부림', '폭풍 흡입'으로 대변되는 먹기 열풍입니다. 저렴한 가격으로 만족감을 느끼는 데는 먹는 게 최고죠. 그래서인지 '먹다'라는 말이 일상생활에서 점점 더 많이 표현되고 있습니다. 몇 년 전만 해도 여자나 남자나 날씬해야 대접받고 성공할 수 있다는 것이 사회의 상식이었는데 말입니다. 물론 지금도 그 상식은 바뀌지 않았지만, 스트레스 해소에는 먹는 게 최고이니 날씬한 미래를 잠시 미루고 먹는 만족을 택하는 것입니다. 이제는 많이 먹는 게 죄악시되기보다는, 먹는 행위 자체가 일상에서 가장 신나는 이벤트가 되었습니다.

만족을 위해 먹는 것이니 대충 때우는 음식은 관심 밖입니다. 값싼 음식을 즐기기보다는, 비싸더라도 나의 욕구를 채워주는 맛있는 음식을 먹습니다. 예전에는 경제적으로 여유 있는 사람들이나 꽃등심을 먹었다면, 이제는 며칠 동안 라면으로 연명해서 아낀 돈으로 한 번에 그럴듯하게 지릅니다. 돈이 많아서 좋은 것을 먹는 게 아니라, 나의 만족을 최우선에 두고 희생을 감내하며 소비하는 것입니다.

예전처럼 자신이 직접 음식을 해먹지도 않습니다. 일상적인 대화에서 음식을 '만든다'는 말보다 '먹으러 간다'는 표현이 확연하게 늘고 있습니다. '집밥'이 뜨고 있다지만 내가 만들어 먹는 것이 아니라 누군가가 해주는 '집밥처럼 맛있는 밥'을 사먹는 겁니다. 내 손에 물을 묻히는 것은 '사치'라는 기준에 위배되기 때문입니다.

또 하나의 특징은, 배가 터지도록 먹는다는 것입니다. 평소에는 식욕을 참느라 '배고프다'는 말을 연발하다가, 일단 먹기 시작하면 '먹는 게 남는 것'이라는 옛 말씀을 따라 마구 먹습니다. 그래서인지 2009년만 해도 '흡입'이라는 단어는 '지방흡입'의 의미를 가진 성형수술의 연관어로만 사용되었는데, 2012년 이후에는 '식사', '음식', '다이어트'와 함께 등장하기 시작했습니다. 이제는 일상어가 된 바로 그 '폭풍 흡입'입니다.

요즘 같은 세상에 음식점을 하려면 어떻게 해야 할까요? 맛은 무조건 좋아야 합니다. 값은 조금 비싸도 상관없습니다. 이것저것 골라 먹을 수 있도록 종류는 다양해야 하며, 건강한 음식이면 더 좋겠죠.

이처럼 인간의 욕망은 사회 전체적 맥락 안에서 부딪히면서 변형되거나 새롭게 구성됩니다. 그에 따라 어떤 비즈니스는 지고, 새로운 비즈니스가 빈자리를 채웁니다.

옛날에 인터넷이 없던 시절에는 술집에서 한잔 거나하게 걸치면 으레 친구들끼리 사소한 논쟁이 벌어지곤 했습니다. 차범근이 독일 분데스리가에서 넣은 골이 100개가 넘는지 아닌지 하는 것들입니다(이 대목에서 곧바로 '차범근'과 '분데스리가'를 검색창에 넣어보는 분들이 적지 않을 것 같군요). 밤중에 사실을 확인할 방법이 마땅치 않으니 계속 자기 말이 맞다고 우기다 끝나곤 했습니다. 하지만 이런 광경은 사라진 지 오래죠. 상대방의 말이 끝나기도 전에 휴대폰을 열어 검색해볼 테니까요.

데이터가 방대해지고 정보에 쉽게 접근할 수 있는 세상이 되었습니다. 그에 따른 효용은 이미 일상에서도 충분히 누리고 있죠. 우선 궁금한 것을 미루지 않고 그때그때 해결할 수 있게 됐습니다. 나아가 상대방의 말에서 미심쩍은 부분이 있으면 그 자리에서 검색해서 시시비비를 가리고, 잘못된 정보에 속지 않을 수 있게 되었습니다. 예컨대 어느 가게가 일본 라멘 전문점이라고 하는데 정작 간판에 '라면'이라고 써놨다고 한다면, 사람들이 그 집을 과연 라멘 전문점이라 생각할까요? 하나를 보면 열을 안다고, 잘못된 사실fact 하나를 통해 '저 사람은 잘 모르면서 아는 척한다'는 정황을 미루어 짐작할 수 있습니다.

그러나 이는 어쩌면 지엽적인 쓸모인지도 모릅니다. 데이터의 진정한 위력은 정보의 진위를 가리는 수준을 넘어 의사결정의 민주화를 추동한다는 데 있습니다. 데이터가 이렇게 많고 투명하게 공개되는 세상이니 점점 정보에 대한 허세, 즉 '내가 다 알아'라는 으스댐과 '내가 시키는 대로 해'라는 강요가 설 자리가 줄어들고 있습니다. 서울대 수석합격자가 아무리 '예습 복습만 잘하면 누구나 서울대 갈 수 있다'고 겸손하게 말해도 데이터와 통계는 이미 우리에게 서울 강남구 출신의 서울대생이 강북구 출신의 21배에 이른다는 냉정한 현실을 말해줍니다.[12] 물론 수석합격자는 예습 복습을 철저히 했겠지만, 그것이 서울대 합격의 실질적 비법은 될 수 없습니다. 이처럼 데이터를 통해 검증하므로 개인의 한정된 경험과 지식으로 섣불리 일반화의 오류를 범할 여지가 줄어듭니다.

이 효용은 특히 기업의 위계적 구조에서 파괴력을 가질 수 있습니다. '내가 해봐서 다 안다'며 자기 말만 하는 구시대적 상사가 지금도 물론 있겠지만, 그들의 입지가 점점 좁아지는 것은 분명합니다. 이에 반비례해 말단 신입이 자기 목소리를 낼 수 있는 여지는 점점 커지고 있고요.

그들에게 말할 권리를 허하는 것은 탁월한 스펙이나 유려한 언술이 아니라 '근거'입니다. 과거에는 윗사람이 그렇다고 말하면 그런가 보다 하고 수긍했는데, 이제는 데이터가 있으니 상사의 권위만으로 밀어붙이기 어렵게 됐습니다. 물론 여전히 CEO의 의견은 1표가 아니라 100만 표쯤의 무게감이 있지만, 그래도 예전보다는 많이 민주화된 것이 사실이죠. 직원이라도 자신의 통찰을 뒷받침하는 정제된 데이터를 제시하면 상사의 권위에 용감하게 맞섰을 때의 승산이 높아진다는 뜻입니다. 천칭의 한 쪽에 상사의 경력 혹은 권위 혹은 (더 치사한) 나이가 있다면, 다른 쪽에는 데이터가 있어서 균형을 맞춰주는 셈입니다. 권위로 토론 없이 밀어붙이던 의사결정이, 이제는 데이터를 놓고 '합의'할 수 있게 되었습니다. 데이터가 권력이 될 수 있다면 이런 맥락에서가 아닐까요.

　권력을 데이터로 대체한 예로 아가사랑 세탁기 이야기가 있습니다. '아가사랑 세탁기'라고 들어본 적 있는지요? 신생아용 세탁기여서 용량이 작고 삶는 기능이 있습니다. 요즘에는 육아의 필수품으로 인식되는 인기제품이죠. 이 정도로 타깃에게 인지도가 있으니 성공작이라 할 만하지만, 곧 이 기업에 걱정거리가 생겼습니다. 사람들이 아이를 안 낳으니까요. 한때 한 해에 120만 명씩 태어나던 아이들이 2017년에는 35만 7000명으로 줄었습니다.[13] 아이 낳기를 꺼리는 사회가 된 지는 이미 오래입니다. 그 이유는 다양한 국면에서 유추할 수 있겠죠. 일례로 노후를 준비하는 인구가 47%밖에 되지 않는다는 조사결과가 있습니다. 그나마 그중 60%는 노후대비 방안이 국민연금 하나뿐이라고 합니다.[14] 그 말 많은 국민연금에 미래를 의탁해야 하는 우리는 잘 알고 있습니다, 우리의 미래가 불안하다는 것을요. 그래서 아이를 낳지 않습니다. 아가사랑 세탁기 사장으로서는 큰일이 아닐 수 없죠. 대책이 필요합니다.

그래서 생각해낸 방안이 싱글들에게 판매하는 것이었습니다. 싱글은 혼자 사니 세탁기 용량이 클 필요가 없겠다는 생각으로, 작은 것이 오히려 편리할 테니 그들을 타깃으로 해보자는 것이었습니다. 그렇게 잠정적으로 결론을 내리고는 마지막 확인 차 소셜미디어 분석을 의뢰했습니다. 싱글들에게 세탁기를 팔아도 되는지. 하지만 데이터는 '팔지 말라'는 답을 주었습니다.

그 이유는 첫째, 싱글은 혼자 살지만 빨래는 일주일 혹은 2주일에 한 번 합니다. 한 번 돌릴 때마다 빨랫감이 산더미죠. 둘째, 싱글들이 많이 거주하는 원룸이나 오피스텔에는 빌트인으로 세탁기가 이미 있습니다. 그런 마당에 왜 또 사겠습니까. 결코 팔수 있는 시장이 아니었습니다.

빅데이터 분석 결과를 들은 삼성전자의 윤부근 대표이사는 실망할 줄 알았는데 의외로 매우 기뻐했습니다. 첫 번째 이유는 실패할 뻔했던 것을 하지 않게 되었기 때문입니다. 기실 데이터 분석은 성공을 반복하게 하기보다는 실패를 줄이게 하는 효용이 더 큰 게 사실입니다.

윤 대표가 좋아한 두 번째 이유는 솔직한 직언을 들어서였습니다. 대개 한국의 기업문화는 상명하복의 정서와 상사에 대한 로열티를 강조하기 때문에 사장이 뭔가 의견을 내면 직원들은 "Yes, Sir!" 하고는 실행전략에 골몰하기 바쁩니다. 사장이 말했으니 으레 옳겠거니 하고 의심하지 않는 것이죠. 조직 분위기가 심각하게 나태한 회사는 설령 잘못돼도 사장이 책임지겠거니 생각하기도 합니다. 그러니 사장은 무서워서 무슨 말을 못한다고 하네요. 자신은 그저 의견을 낸 것에 불과한데 밑에서는 그 말을 신주단지 모시듯 하며 앞뒤 없이 뛰어드니 두렵지 않겠습니까. 그러다 누군가가 데이터(그것도 잠재고객의 데이터)를 제시하며 하지 말라고 하니 반가웠던 것입니다.

그냥 시키는 대로 움직이는 사람도 무섭지만, 사장들에게 가장 골칫거리는 '제가 책임지겠습니다'를 외치며 돌격하는 사람들입니다. 기업에서 손실이 크게 생기면 1000억도 나는데 개인이 어떻게 책임지겠다는 걸까요. 애초에 책임질 수 없는 무책임한 말이죠. 그래서 데이터가 필요합니다. 내 말을 믿지 않는 상사를 설득하기 위해서도 데이터는 필요하고, 내 감鑑이 타당한지 검증하기 위해서도 데이터가 필요합니다. 많은 회사에는 '발설자 책임주의'라는 게 있기 때문에, 매출 올릴 방안을 마련하라고 회의할 때 누구라도 입을 열면 그 사람이 사업 주체가 되곤 합니다. 그런데 그 아이디어가 데이터로 검증되지 않은 것이라면? 만에 하나 말한 대로 되지 않으면 발설자 혼자 책임져야 합니다. 그러니 무책임한 아이디어를 내는 것은 매우 위험합니다. 특히 머릿속 상상으로 만든 고객과 시장과 컨셉을 검증도 하지 않고 아이디어라고 풀어내는 것은 훗날 내 목을 치는 행위가 될 수도 있습니다. '썰說'을 풀어서 먹고 살던 세상은 끝나가고 있습니다.

이 이야기의 결말은 해피엔딩입니다. 기존의 통념이 틀렸다는 것을 알게 된 후 대안을 찾아보니 한 자녀 낳기 정책이 완화된 거대한 중국 시장이 눈에 들어왔습니다. 환경의 변화가 시장에 미치는 영향이 지대할 수 있다는 교훈을 다시 한 번 느끼게 해주는 사례입니다.

그러나 오해 없으시기 바랍니다. 이 책이 하고 싶은 말은 데이터가 최고라는 것이 아닙니다. 제가 하는 일이 소셜미디어를 분석해 사람들의 욕망을 캐내는 것이기는 하지만, 그렇다고 데이터 지상주의를 외치고 싶지는 않습니다. 사람 마음속을 알기 위해 반드시 데이터를 돌려야 하는 것은 아니니까요. 일상에서 잘 관찰하면 그것만으로도 재미있는 통찰이 나올 수 있습니다. 이것은 말하자면 1단 기어죠. 그런데 여기에 데이터가 들어가면 2단 기어를 넣는 것과 같습니다. 여러분의 관찰결과를 데이터가 뒷받침하니 당연히 속도가 더 빨라지지 않겠습니까.

3단 기어는 '합의'입니다. 여러분이 올바른 주장을 할 때 훌륭한 경영자가 조직을 장악하고 있다면 취할 것은 취하고 버릴 것은 버리며 잘 이해하고 받아들이겠지만, 조직 내부에 파벌이 있다면 곧이곧대로 수용되기 쉽지 않습니다. 이럴 때 데이터가 있으면 여러분의 의견을 상사와 합의하기가 한결 쉬워집니다.

창업을 준비하거나 작은 기업을 경영한다면 1단 기어만으로도 충분합니다. '이거다' 싶은 아이템을 찾아 추진하면 되니까요. 규모가 있는 좋은 회사에서 일하는 사람이라면 2단 정도는 갖춰야겠죠. 여러분이 타당한 근거data를 제시하면 회사는 받아들일 겁니다. 대기업 정도 조직에서는 시스템 상 합의가 필요하므로 3단까지 가야 합니다. 대기업이 아니더라도 회사에 사내정치나 '까라면 까'라는 문화가 만연해 있다면 3단 기어가 필요하고요. 3단 기어로도 돌파하지 못할 만큼 문제적 회사라면? 그때는 홀가분하게 1단으로 돌아가서 여러분의 통찰을 가지고 창업하는 것도 방법입니다.

이것이 제가 생각하는 데이터의 효용입니다. 데이터 분석만

하라는 게 아닙니다. 데이터가 만병통치약이 아니라는 것을 우리 모두 잘 압니다. 하지만 저는 일단 그것이라도 해보라고 역으로 말씀드리고 싶습니다. 관찰도 안 하면 아무것도 못 하기 때문이죠. 더욱이 오늘날은 글로벌 경쟁을 하는 세상 아닌가요. 하다못해 바나나 하나를 먹어도 세계에서 가장 맛있는 것을 먹으려 합니다. 그렇지 못한 것은 아예 선택되지 않죠. 이런 승자독식의 세상에서 비즈니스를 해야 하는데, 개인의 선견지명에만 의존하거나 기존의 룰에만 기대서는 너무 위험합니다. CEO의 입김은 여전히 100만 표의 효력을 가지는데 그 직관이 예전 같지 못하다면, 그 회사는 사장과 함께 몰락해야 할까요?

라멘집을 냈는데 장사가 안 된다면 그것은 옆집 대박 가게 때문일 수도 있지만, 전국을 강타한 다이어트 열풍 때문일 수도 있지 않을까요? 사람들이 다이어트하느라 라멘을 먹지 않는다면 말이죠. 그렇다면 이 위기를 타개하기 위해 라멘집 사장은 옆집과 출혈경쟁을 벌이는 대신 칼로리가 낮은 채소라멘을 만들 수도 있지 않을까요?

이처럼 데이터는 세상을 보는 프레임을 바꿔주기 때문에 혁신의 지평을 넓힐 수 있습니다. 라멘집 사장에게 옆에 있는 라멘집과 비교하지 말라고, 기존의 경쟁적 사고방식에서 벗어나 새로운 대안을 생각하라는 말을 해줄 수 있게 됩니다. 이른바 '파괴적 혁신^{disruptive innovation}'이 가능해진다는 말이죠.

파괴적 혁신에는 관찰이 필수입니다. 자신이 아는 기존의 틀을 부정하고 새로운 대안을 찾아야 하기 때문입니다. 보통 수준의 혁신은 자신이 알고 싶은 것에 대한 가설에서 출발합니다. '옆 가게 때문에 우리 집이 안 되는 거야'라고 짐작하고서 이를 옹호해주는 데이터를 수집하죠. 이래서야 데이터를 아무리 많이 모은다 해도 소용없습니다. 오히려 모을수록 배가 산으로 갈 뿐입니다.

섣부른 상상은 위험합니다. 이때는 가설 자체를 없애고 관찰해야 진실을 볼 수 있습니다. 그 과정에서 때로는 불편한 진실이 드러나기도 하겠죠. 그래도 그것이 진실인데 어쩌겠습니까. 오히려 탐색하는 자세로 관찰한 덕분에 쓸데없는 일을 하지 않을 수 있었다고 생각하는 것이 현명합니다. 한참 가다가 '이 길이 아닌가 봐' 하고 돌아서면 얼마나 허무한가요. 그렇지 않고 처음부터 시야를 열어두고 관찰하면 그 안에서 전혀 새로운 가설을 찾아서 검증할 수 있습니다.

이런 작업에 데이터를 쓰는 것이 정말 잘 쓰는 것이라 생각합니다. 빅데이터 열풍이 부니 대기업은 너도 나도 빅데이터 컨설팅을 받고, 작은 기업은 예산이 부족하니 '그림의 떡'인 양 구경하며 부러워합니다. 그러나 기존의 의사결정 시스템이 훌륭하고 효과적이라면 군이 빅데이터를 쓸 필요가 없습니다. 이미 잘 해오던 방법을 버리고 빅데이터 분석을 시도하는 것이 현명하지도 않고요. 자칫 잘못하다가 데이터 분석 결과의 타당성과 방법의 효과성을 놓고 내부에서 분란만 생길 수 있습니다. 제가 10년 넘게 이 일을 하면서 힘들었던 부분 중 하나는 데이터의 '완전무결성'을 기대했다가 섣불리 실망하는 분들을 만날 때입니다. 모든 목적을 만족시키는 데이터가 어디 있겠습니까. 더욱이 데이터 자체는 불편부당하기에, 보는 시각에 따라 항상 이런저런 변수와 한계를 가질 수밖에 없습니다.

그런 점에서 저는 오히려 이 책이 데이터 자체가 모든 것을 해결해줄 것이라는 환상을 깨는 데 기여하기를 바랍니다. 망원경의 발명으로 갈릴레오가 위대한 발견을 할 수 있었던 것처럼, 기존의 눈에 데이터라는 렌즈 하나를 더 추가하라는 뜻으로 받아들이면 좋겠습니다. 기술의 발달 덕분에 예전에 갖지 못했던 눈이 생겼고, 그 눈을 통해 한 사회의 전체 모습을 넓게 볼 수도 있고 통사적인 변화를 볼 수도 있고 인간의 내면을 깊이 볼 수도 있게 되었습니다. 그럼으로써 '썰'에 머물던 많은 가설들을 검증하고, 그중 최선의 안으로 합의할 수 있게 되었죠. 그것은 곧 우리가 미처 보지 못했던 새로운 기회가 됩니다.

섣부른 상상은 위험하다.
가설 자체를 없애고 관찰해야
진실을 볼 수 있다.

관찰로 기회를 찾는 연습을 해볼까요. 엄마의 마음을 깊이 들여다보면 무엇을 새롭게 알 수 있을까요. 여기 어떤 엄마가 페이스북에 글을 올립니다. "엄마가 행복해야 아기가 행복하지." 누군가에게 아이를 맡기고 모처럼 카페에서 기분 내다가 왠지 미안해하는 마음이 느껴지는군요.

요즘 엄마들은 너무 힘듭니다. 적어도 소셜미디어에 나타나는 엄마들은 하나같이 힘들어합니다. 하긴, 영아를 키울 때는 할일이 한두 가지가 아닙니다. 수유, 이유식, 예방접종… 이런 일이 하루도 빠짐없이 반복적으로 밀려오니 엄마는 괴롭습니다. 엄마들이 소셜 네트워크에 수유나 이유식 등의 이야기를 할 때의 감성은 대부분 부정적입니다. 아이 낳는 순간부터 만 3년까지, 한국 엄마들이 토로하는 감정은 80%가 괴로움입니다.

무엇보다 가장 큰 괴로움은 도무지 자기 시간이 생기지 않는다는 것입니다. 사실 엄마의 시간은 저절로 '생기는' 것이 아니라 집안일을 열심히 해서 '만드는' 것입니다. '짬'을 내는 거죠.

엄마가 짬을 내기 위해서는 아빠의 도움이 필요합니다. 요즘 대세로 통하는 남편상은 요리 잘하고 아이도 잘 돌보는 프렌디friendy 아닌가요. 아내더러 밥 달라고 하지 말고 알아서 하고, 가능하면 가족들 것까지 해주고. 물론 과거에도 이런 남편을 꿈꾸지 않는 여성은 없었겠지만, 그때는 대놓고 말하지 못했습니다. 그러다 지금은 맞벌이가 일반화됐고 가사노동을 함께하는 것이 보편적인 상식으로 받아들여지는 사회이니 여성들도 요리 잘하는 남자를 드러내놓고 이상형으로 꼽습니다. 스타 셰프들이 괜히 지금 뜨는 게 아닙니다. 옛날 같으면 어림없는 일이었겠죠.

운 좋게 다정한 남편을 얻어서 아이를 맡긴 엄마는 기분이 날아갈 것 같습니다. 그 마음을 주체 못해서 페이스북에 자랑을 합니다. 이런 글을 자주 올리는 엄마가 잘나가는 엄마라죠. 잘나가는 엄마에 또 누가 있는가 하면 2주일에 1000만 원짜리 산후조리원에 간 엄마들입니다. 이 정도 산후조리원은 단순히 삼칠일 동안 몸조리하는 수준이 아니라 요가에 마사지에 별별 서비스가 다 있습니다. 하지만 이것은 단순한 설비의 문제가 아닙니다. 비쌀수록 그 자체로 좋은 것이거든요. 그만큼 시댁이 나를 사랑하는 것이니까요. 그래서 서로 어떤 산후조리원에 갔는지 묻고 재보는 한편 같은 산후조리원 출신끼리 동호회를 합니다. 2주일에 1000만 원을 소비할 정도라면 집안이 부유하다는 뜻이므로 자녀들 인맥을 그때부터 만들어두려는 것이죠.

이렇게 '돈질'로 잘나가는 엄마들이 적지 않습니다. '유모차계의 벤츠'라는 스토케를 몰고 다니면 또래 아이엄마들이 부러워

합니다. 남자들이 차 자랑하는 것과 다르지 않아 보이는군요. 이런 모습을 보고 있으면 소비의 이유가 기술 때문이 아니라 보여주기 위함임을 실감하게 됩니다. 기왕에 지르는 것, 부동산처럼 자산으로 남는 게 아니라 한 번 사용하고 마는 용도에 화끈하게 돈을 쓸수록 쇼는 더욱 화려해집니다.

이런 내용을 보여주면 아이를 키우지 않는 사람들은 깜짝 놀랍니다. 스토케는 뭐며 왜 그렇게 고가인지에도 놀라지만, 무엇보다 아이 키우기가 힘들다고는 해도 이렇게 고통스러워하느냐는 반응이 가장 많습니다. 나이 지긋한 분들은 무슨 엄마가 이러느냐고 역정을 내기도 합니다. 모성애가 없다는 거죠. 이 얘기를 들은 아기엄마들은 울컥합니다. 얼마나 힘든데, 그렇게 쉬우면 맡아서 한번 키워보라고 항변합니다.

생각해보면 이해 못할 바는 아닙니다. 온통 초보 엄마뿐이지 않습니까. 과거에는 여러 명을 낳아 키웠으니 다 돌볼 여력이 없어서 적당히 포기할 것은 포기해가며 풀어놓고 키웠지만, 지금은 한 명만 낳아 뭐 하나 빠뜨리지 않고 다 해주며 애지중지 키웁니다. 둘째부터는 경험이 있으니 덜 힘들게 키울지 모르지만, 지금 엄마들은 아이 하나만 낳으니 뭐든 다 익숙하지 않습니다.

고민 끝에 서점에 가보면 '육아법'이라는 제목을 단 책이 수십 종입니다. 뉴욕 육아, 프랑스 육아, 유대인 육아, 스칸디나비

안 육아, 전통육아 등 공간과 시간을 종횡무진하며 숱한 육아서가 나옵니다. 그러나 정보는 채워져도 경험은 채워질 수 없어서, 책을 아무리 읽어도 실전은 또 다른 문제입니다. 이 중에서 마음에 드는 육아법을 어렵게 선택했다 해도, 우리나라 제도가 프랑스식이 아닌데 어떻게 프랑스 아이처럼 키우겠습니까. 이런 대혼란 끝에 급기야 '불량육아'를 하겠다는 책이 나올 지경입니다. 이처럼 육아의 세계는 잘해보려 할수록 혼란스럽습니다. 게다가 본인도 곱게 자랐고 사회생활도 했던 터라 집에서 아이만 보고 있으려니 괴로울 수밖에요.

이런 엄마들에게 기업이 커뮤니케이션할 때 '행복한 엄마에게' 같은 말을 하면 과연 먹힐까요? 모성애를 강조 또는 강요하는 메시지가 반가울까요? 그렇지 않죠. 그보다는 '힘들지? 내가 도와줄게'라고 해야 합니다. 상대방은 모성애가 있으니 아이 돌보는 게 즐거울 거라고 마음대로 생각했다가는 큰일 납니다. 그들은 결코 그렇게 느끼지 않으니까요. 엄마든 아빠든 육아는 힘들고, 그때 어떻게 도와줄 것인지 고민할 때 비즈니스하는 사람들에게 기회가 생깁니다. 이 사실을 깨닫는 순간 전체 커뮤니케이션 슬로건이나 비유 등이 다 바뀌기 시작합니다. 우리가 흔히 아는 모성애라는 고정관념을 대입하면 80%나 되는 현실의 괴로움을 보기 어렵습니다.

이 데이터는 여자의 일생을 본 결과물입니다. 상대방을 관찰할 때는 그 사람의 단면만 보지 말고 전체를 보는 연습을 해야 합니다. 나아가 지금의 모습만 보지 말고 그의 일생 전체를 가늠해보려는 노력이 필요합니다. 그녀의 과거와 현재를 함께 볼 때, 잘나가던 커리어우먼에서 '경력단절녀'가 된 엄마의 깊은 자괴감이 비로소 드러납니다.

이처럼 일생을 보면 삶의 매 순간마다 기회가 숨어 있음을 깨닫게 됩니다. 그중에서 한 가지만 잘하면 됩니다. 다 하려고 욕심내지는 마시고요. 다 잘할 수도 없고, 사람들이 믿지도 않을 테니까요. 사람의 일생을 잘 관찰하고, 그중 하나를 택해서 10년을 하면 누구든 전문가가 될 수 있습니다.

사물이 아니라 사람을 관찰하라

여성의 일생을 보다 보니 자연스레 여성 관련 제품에도 눈길이 가게 됩니다. 마침 여성용품, 즉 생리대의 마케팅 전략에 대해 자문할 기회가 생겼습니다. 아시다시피 저는 남자이므로 이런 제품을 직접 사용해본 적은 없지만 브랜드는 몇 개 알고 있습니다. 여러분이 새로운 생리대를 런칭한다고 가정해보죠. 가장 먼저 어떤 고민을 하게 될까요? 몇몇 현업 전문가들에게 물어보니 열이면 열, 가장 먼저 떠올리는 것이 위스퍼, 좋은느낌 등의 기존 제품들 사이에서 어떻게 내 브랜드를 알려내느냐는 것이었습니다.

하지만 이것은 별로 좋은 방법이 아닌 듯합니다. 브랜드는 당연히 목숨처럼 귀하게 여겨야 하지만, 처음부터 내 브랜드를 알리는 데 목숨 거는 것은 위험합니다. 그보다는 사람들이 중요하게 여길 만한 제품의 효용을 알리는 것이 먼저입니다. 사람들이 제품의 효용을 인지한 다음에는 그들이 먼저 브랜드를 말하기 시작합니다.

예를 들어볼까요? 여기 화장품이 있습니다. 이름은 '에스티로더 어드밴스드 나이트 리페어 싱크로나이즈드 리커버리 콤플렉스'네요. 이게 어떤 제품인지 머릿속에 떠오르시나요? 면세점의 베스트셀러이지만, 아마 이 제품을 즐겨 쓰는 여성들도 알아맞히기는 쉽지 않을 것 같군요. 이 제품의 이름은 저렇게 길지만, 우리는 기업이 붙인 소중한 이름보다는 '갈색병'이라는 별명으로 부르곤 합니다.

소비자는 기업만큼 브랜드를 중요하게 여기지 않습니다. 일단 기억을 못해요. 소비자가 우리 브랜드를 좋아하고 사랑해주길 바라는 것은 기업의 환상일 뿐입니다.

저는 대학원을 마치고 IT 일을 하다가 마케팅 쪽으로 분야를 바꾸었습니다. 그때 가장 먼저 한 일이 머리 기르는 것이었습니다. IT 분야에서는 10년쯤 일했으니 사람들이 제가 누군지 조금은 알아주었는데, 마케팅 쪽에 오니 아무런 존재감이 없었습니다. 명함을 건네도 다음에 만나면 또 모르고. 그래서 머리를 길렀습니다. 그 뒤로는 처음 본 사람들도 '아, 머리 긴 사람' 하며 잘 기억해주더군요. 팍스콘 회장이 한 번 본 저를 기억한 것도 순전히 머리 덕분이었습니다. 일반적으로 IT업계 출신이라고 하면 머리도 짧고 캐주얼하게 입는다는 선입견이 있는데, 그중에 머리 긴 사람이 하나 있으니 기억한 것이겠죠.

남들과 똑같아 보이면 그 순간 가치가 사라집니다. 어떻게든 달라야 합니다. 다르면 인지가 되고, 인지된 다음에 기능을 올리면 자연스럽게 기억됩니다. 이 프로세스를 저의 차별화에 그대로 적용한 것입니다. '송길영'이란 이름 석 자를 알리는 것보다 저의 특징과 효용을 알리면 자연스럽게 사람들에게 기억됩니다.

앞의 화장품도 똑같습니다. 에스티로더 수준까지의 화장품 회사만 국내에 400개가 있는데, 어떻게 브랜드를 알리겠습니까? 게다가 사람들이 화장품에 대해 말할 때 브랜드는 10%도 언급하지 않습니다. 비비크림, 씨씨크림 같은 제품 카테고리를 말하거나 제품의 효과에 관심 있을 뿐입니다. '에스티로더 어드밴스드 나이트 리페어~'는 몇 만 번 중 한 번 나오는 정도입니다. 어느 산업이나 마찬가지입니다. 세탁기에 대한 담론에서는 '어떻게 빠느냐'가 70%, '언제 빠느냐'가 13%로, 버블샷이나 트롬 등의 브랜드 언급은 전체의 극히 일부에 불과합니다. 브랜드를 알리는 데 죽도록 돈을 써봐야 사람들의 인지점유율을 올리지는 못한다는 뜻입니다.

더욱이 우리의 경쟁자는 같은 산업군 안에만 있지 않습니다. 화장품의 경쟁자는 누구일까요? 이를테면 패션입니다. 화장이든 옷이든 예뻐지고자 하는 욕망에서 소비되는 것이기 때문이죠. 이런 식으로 생각하면 경쟁자는 무한 확장 가능합니다. 예뻐지기 위해 다이어트를 하기도 하고, 더 극단적으로는 성형외과에 가기도 하니까요.

그러니 어렵게 브랜드를 알리는 것보다는 우리 제품이 사람들에게 어떤 의미인지를 생각해야 합니다. 앞의 저 화장품은 '갈색병'이라는 특징과 '밤에 바르면 피부에 좋다'는 효용을 알리는 게 훨씬 이득이죠. 실제로 이 제품의 1분짜리 한국판 광고 동영상에는 긴 브랜드명 대신 '갈색병'이라는 단어만 4번 나옵니다. 특성과 효용만 알면 나머지는 검색하면 다 나오므로 일일이 설명할 필요가 없습니다.

그러니 처음부터 브랜드에만 꽂혀서 생각하지 마시기 바랍니다. 달라 보이면 됩니다. 그리고 사람들에게 어떻게 쓸모 있는지 보여주면 됩니다.

생리대도 제품이 아니라 그것을 사용하는 사람을 봐야 합니다. 여성들은 생리대에 어떤 효용을 기대할까요?

한국 여성들은 서양 여성들과 달리 생리대를 사용할 때 원료나 흡수율보다는 살갗에 닿는 촉감을 중요시한다는 분석이 있습니다. 그래서 한국에서는 모든 생리대가 순면 같다는 등의 '느낌'을 강조합니다. 한국 소비자의 독특한 감성에 맞춘 커뮤니케이션임에 분명합니다. 이제는 한 걸음 더 나아가 여성들이 어떻게 살고 있고, 여성들에게 생리는 어떤 의미인지, 생리를 할 때 감성은 어떻게 움직이는지를 봐야 합니다. 사람들이 사물을 이야기할 때 누군가는 사람을 보고, 누군가는 그 사람을 보는 다른 사람들까지 봅니다. 이 셋 중 누가 승자가 될지는 자명하지 않나요? 상대방이 하나의 대상을 이야기할 때, 여러분은 그 대상이 포함된 층layer까지 이야기한다면 어렵지 않게 이길 수 있습니다. 상대가 A를 이야기할 때 A보다 큰 알파를 말해야 해법이 보입니다.

저처럼 기업 외부에서 자문해주는 사람들의 역할이 바로 이것입니다. 생각해보세요. 현재 생리대에 대해 가장 잘 알고 있는 것은 제조회사입니다. 그 기업의 경영자는 30년간 생리대를 만들어 팔았으니 생리대의 원료나 품질에 대해 모르는 게 없습니다. 그런 사람에게 생리대에 대해 제가 백날 얘기해봐야 무엇 하겠습니까.

최근에 MBA 출신의 똑똑한 전략 컨설턴트들이 고전하는 이유가 여기에 있습니다. 기업이 전략을 짜달라고 비싼 돈 내고 그들을 고용했더니, 정작 조사하러 와서는 '생리대는 어떻게 만듭니까?' 하고 묻습니다. 돈은 내가 냈는데 내가 오히려 가르치고 있으니 기업 입장에서 짜증나는 것도 당연하겠죠. 해법을 찾으려는 사람들은 시야를 넓혀야 합니다. 오히려 제품은 잠시 접어두고, 시야를 높여서 조감도를 그릴 줄 알아야 합니다. 이미 강조했듯이 가장 좋은 방법은 사람, 나아가 '사람들'을 보는 것입니다.

생리대 프로젝트도 이런 식으로 풀었습니다. 펄프나 촉감에서 답을 찾는 대신 여성들이 생각하는 생리대를 보았습니다. 나아가 그녀들의 삶 자체를 염두에 두었습니다. 이때 본 데이터가 약 3억 6000만 건이었습니다.

그중에는 여중생이 쓴 글도 적지 않았는데, 사실 웬만한 성인은 그들의 글을 읽기가 쉽지 않습니다. 글의 반이 비속어거든요. 20대가 되면 꽤 순화될 테지만, 십대의 언어가 보통이 아니라는 것은 많이 알려진 사실입니다. 그래도 그들이 쓰는 표현을 읽으면 그들이 어떤 생각을 하고 있는지 훨씬 생생하게 알 수 있습니다. 그런데 정작 어른들은 그들이 쓰는 언어를 직접 접할 기회가 별로 없습니다.

신선한 충격 속에 여중생들의 글을 읽다가 특이한 점을 발견했습니다. 아이들이 일반 생리대 못지않게 '탐폰'에 대해 엄청나게 많이 말하고 있다는 것이었는데요. 탐폰은 몸 안에 삽입하는 생리대로, 성인 여성이 주 타깃입니다. 청소년들은 타깃 유저가 아니기 때문에 샘플조차 얻지 못한다고 합니다. 그런데 이 아이들이 자기 돈으로 탐폰을 사고 있었습니다. 기업이 목표로 삼은 타깃이 아닌데 왜 이들이 살까요? 왜 이런 일이 벌어질까요?

한국에서는 탐폰 사용이 약간 터부시되는 경향이 있습니다. 몸에 삽입하는 제형이다 보니 성경험이 있어야 쓰는 것이라는 잘못된 상식이 고착화되었기 때문이죠. 그래서 엄마들은 결코 청소년 딸에게 탐폰을 사주지 않습니다. 혹여나 호기심 많은 딸이 물어보기라도 하면 나중에 아이 낳은 다음에 쓰라며 관심을 돌립니다. 심지어 직업여성이나 쓰는 거라는 망언을 하기도 합니다. 하지만 인터넷이나 '미드'만 봐도 엄마 말이 얼마나 말도 안 되는지 아이들은 다 압니다. 오히려 엄마가 말릴수록 더 쓰고 싶어집니다. 안 그래도 반항심이 최고조에 이르는 나이인데, 엄마의 논리가 석연치 않으니 엄마의 반대가 아이들의 호기심을 자극하는 것이죠. 그래서 사춘기 여자아이들끼리 탐폰에 대한 정보를 부지런히 주고받습니다.

첫 번째 질문은 '미국 애들은 잘만 쓰던데 왜 우리는 안 되느냐'입니다.

"미드 같은 걸 보면 탐폰만 쓰던데 우리랑 체질이 달라서 그런 거야?"

"미드 보면 탐폰 많이 쓰던데, 생리대보다는 탐폰이 편해 보이는데 우리나라에서는 잘 안 쓰는 이유가 있나요?"

그다음에는 실제 써보니 좋더라는 간증이 이어지고, 여기에 외국 문화에 대한 선망 어린 호기심이 더해져 탐폰에 대한 호감이 점점 커집니다.

"난 원래 면생리대를 쓰는데 외국 왔으니 외국식대로 살아보려 탐폰을 써보기로 했음."

"탐폰 써본 언니들 있어? 외국 여성들은 대부분 다 탐폰 쓴다길래…"

엄마가 말려서 더 해보고 싶은데 서양 아이들이 쓴다고 하니 더 좋아 보입니다. 그래서 엄청난 정보를 주고받는 와중에 실제로 사용한다고 말하는 친구가 나타나면 한순간에 '잘나가는 아이'가 됩니다.

하지만 잘나가는 이 아이들도 염려하는 게 있습니다. 아무래도 엄마 말대로 처녀막이 손상될까 겁이 나고, 두 번째는 극히 일부이긴 하지만 쇼크가 올 수 있다고 하는데 문제는 없는지 걱정입니다. 잘못 착용하면 이물감이 있거나 아프기도 하다는데. 그래서 사용하는 아이들도, 아직 구경만 하는 아이들도, 이걸 정말 써도 되는지 인터넷으로 쉼 없이 묻고 대답합니다.

기업으로서는 눈이 번쩍 뜨일 상황 아닌가요? 20대 이상에서는 시장이 커지지 않는데, 정작 자기네들이 팔지 않는 십대들 사이에서 이렇게 분위기가 조성돼 있으니 말이죠. 만약 십대들에게 탐폰을 팔 수 있다면 당장의 성공은 물론 시장 자체를 키울 수 있습니다. 어떤 대화가 오가는지는 알았으니, 기업이 영리하게 개입하면 시장을 자연스럽게 확장할 수 있겠죠. 그러니 아이들의 정보공유 메커니즘을 좀 더 면밀히 살필 필요가 있겠군요.

이 아이들의 담론을 들여다보면 실로 흥미로운 지점이 나타납니다. 어른들은 사용을 금지하며 이상한 말만 하고 물건을 파는 기업에서도 제품 정보를 주지 않으니, 자기들끼리 알아서 정보를 찾는 수밖에 없습니다. 이 자급자족의 시스템에서 그나마 믿을 만한 사람은 '언니'입니다. 아이들은 계속 '언니들, 이거 좋아?' 하고 묻습니다. 이 언니는 물론 실제 언니가 아니라, 동대문 옷가게에서 우리가 흔히 찾는 그 언니입니다. '언니, 이거 좀 봐

줘' 하고 인터넷에 글을 올리면 다른 유경험자들이 설명해주는 것입니다. 요즘 아이들은 대부분 혼자 자라기 때문에 자매가 없죠. 이런저런 시시콜콜한 조언을 해줄 친언니가 없으니 외부의 또래들에게 기대는 것입니다.

어차피 가상의 언니가 카운슬링을 해주는 것이라면, 생리대 제조회사가 스스로를 '언니'로 의인화해서 Q&A를 해주면 좋지 않을까요? 그들이 아는 정확한 정보를 주고 잘못된 상식을 바로잡는다면 그것만으로도 제품이 팔릴 수 있을 겁니다. 업체가 얘기하면 광고 같지만, 언니가 얘기하면 정보가 됩니다. 언니는 편하게 물을 수 있는 사람이고, 친하게 사적인 이야기를 할 수 있는 사람입니다. 같은 인격체라도 선생님은 훈계하는 사람이므로 반드시 '언니'로 의인화해야 합니다.

과거에는 우리 제품을 사는 사람과 사지 않는 사람으로 나눠서 생각했지만, 이제 기업의 이슈는 '지금 사는 사람'과 '언젠가 살 사람'으로 나눠 후자의 욕망까지 충족시킬 상품을 선보이는 것입니다.

지금까지 말한 것은 단순히 '현재의 생리대 판매' 이야기가 아닙니다. 생리대만 들여다보면 여중생은커녕 탐폰까지 시야가 확장되기도 어렵습니다. 생리대 전반과 관련된 여성의 라이프스타일을 보았기에 타깃에 없었던 여중생의 관심사가 보인 것입니다. 이처럼 시야를 넓혀서 사람들의 삶 자체를 살펴야 해법이 보입니다.

문제를 풀 때 제품만 보면 출혈경쟁이 될 수밖에 없습니다. 생리대 시장은 수십 년간 존재했기 때문에 내가 쓰는 마케팅 예산과 유통라인에 의해 시장점유율이 이미 정해져 있습니다. 웬만해서는 이 숫자를 못 움직입니다. 물론 돈을 쏟아부으면 남의 시장을 조금 뺏어올 수 있겠지만, 매출이 오른 만큼 비용도 올라가니 상처뿐인 영광입니다.

'이 좋은 물건을 왜 안 살까'를 궁금해할 것이 아니라 '이 물건이 사람들의 일상에 어떤 의미가 있을까'를 고민해보십시오. 시선을 제품이 아니라 인간의 수준으로 끌어올리면 점차 내 텃밭을 넓힐 수 있습니다. 산업을 보지 말고 인간을 보면 언제나 답이 나오게 돼 있습니다. 기업에서 일하는 사람들은 그 분야 전문가이기 때문에 자꾸 산업 이야기를 하는데, 그리 의미가 없습니다. 펄프 함량이 어떻고 조직이 어떻고 하는 전문적 지식보다는, 사람들에게 그것이 어떤 의미가 있는지를 보아야 합니다.

물론 처음에는 익숙하지 않겠죠. 지금껏 생리대만 봐왔지, 생리대 쓰는 사람 자체를 바라본 적은 없었다면 더욱 그렇겠고요. 저도 이 방법을 알기까지 많은 시행착오를 겪었습니다. 처음에는 물건 하나를 놓고 정치, 경제, 사회로 들여다보는 등 대단한 노력을 했습니다. 집, 학교, 직장으로 나눠보기도 하고요. 그러다 다 필요 없다는 것을 깨달았습니다. 사람의 삶에서 변하지 않는 궁극적인 활동은 의식주 아닌가요. 인류는 그 오랜 세월을 그렇게 살아왔습니다. 의식주가 충족되면 그다음에는 문화로 관심이 확장됩니다. 그다음에는 문명이 발달함에 따라 헬스케어, 소셜라이징, 테크놀로지로 관심 영역이 넓어집니다. 이처럼 사람이 관심 갖는 영역을 따라서 보면 자연스럽게 세상이 보입니다.

국내기업이 몇 년 전에 만든 휴대용 냉방기기가 잘 팔렸습니다. 손잡이가 달린 냉풍기 같은 것이어서 한 번쯤 본 분들도 있을 텐데요. 에어컨은 아니고, 가까운 곳의 공기를 식혀주는 기능을 합니다. 이것을 어떻게 팔까 고민하다가 질문을 하나 떠올렸습니다.

'우리 일상에서 가장 더운 곳이 어디일까?'

이 질문의 답을 찾아 사람들의 대화를 봤더니 우선 눈에 띄는 것이 오피스텔의 복층이었습니다. 복층은 따뜻한 공기가 위로 올라가서 덥죠. 그렇다면 여기에 놓으면 좋지 않을까요? 또, 주방도 있습니다. 불을 다루기 때문에 엄마들은 주방에서 요리할 때 에어컨을 켭니다. 여기에도 갖다두면 적은 비용으로 엄마를 시원하게 할 수 있겠죠. 또 있나 찾아보니 아이들 공부방이 보였습니다. 과외를 거실에서 하면 어수선하고 시끄러워서 집중하기 어려우니 방으로 보내야 하는데, 이때 이 냉방기를 쓰면 간편합니다. 공부에 지치고 더위에 지친 아이들이 집에서라도 쾌적하게 공부하게 하고 싶은 부모의 마음을 공략하면 주효하지 않을까요.

이 제품이 예전에 나왔다면 어떻게 팔았을까요? 에너지 효율 1등급, 전기료 얼마, 냉방 능력은 얼마 하는 식으로 숫자를 줄줄이 나열하며 팔았을 겁니다. 기술을 중심에 놓는 전형적 사고입니다. 제품은 기술의 결과물이지만, 이것을 어떻게 팔 것인지는 기술과 아무런 상관이 없습니다. 그러니 사고의 중심을 기술에 놓지 말고 그것을 쓰는 사람의 일상생활에 놓아야 합니다. 무엇을 만들든, 무엇을 팔든 마찬가지입니다. 돈 쓰는 싱글에게 물건을 팔고 싶다면 싱글이 즐기는 레저, 그들이 중시하는 네트워크, 그들에게 더욱 절실한 생존의 고민을 들여다봐야 합니다. 사람을 보면 그 안에 들어 있는 모든 것들을 이해할 수 있습니다.

'업業'이 아니라 '삶'으로 프레임을 잡아서 보면, 내가 어떤 일을 해야 하고 어떤 일은 할 필요 없는지가 명확히 보입니다. 반대로 삶이 아니라 업으로 들어가면 어떨 것 같은가요? 지금은 매우 중요해 보이는 신기술이나 소중한 먹거리 산업들도 순식

간에 사라져버립니다. 웬만한 기술은 3년을 버티기 힘든 세상입니다. 특정 기술과 서비스에만 맹목적으로 매달리다가 그 기술과 함께 순장당할 수 있다는 말이죠. 하다못해 제 주요 분야인 빅데이터라는 단어도 몇 년 지나지 않아 열기가 시들해질 겁니다. 그러니 특정 기술 전문가에만 머물러서는 안 됩니다. 그렇게 되는 순간, 그 기술과 함께 없어질 테니까요.

어떤 사람은 기계를 보고
어떤 사람은 사람을 본다.
그리고 어떤 사람은
그 사람을 보는 사람들까지 본다.
이 셋 중 누가 승자가 될지는 자명하다.

3장

변주 :

_____

지금의 상식을
차용하라

스마트폰 시장의 두 절대강자는 삼성과 애플입니다. 두 기업의 양강 구도는 10년여의 세월 동안 변함이 없습니다. 그러나 예전만큼 절대적이지는 않다는 사실이 여러 측면에서 감지됩니다. 시장점유율은 여전히 강력하지만, 정작 사람들의 관심도가 떨어지고 있거든요. 그나마 관심 있게 말하는 내용도 부정적으로 바뀌고 있습니다. 손에는 갤럭시나 아이폰을 들고 있지만 사람들이 말하는 제품은 LG나 샤오미 등 다른 브랜드들입니다. 관심이 생기면 행동이 뒤따르게 마련이니, 이런 현상은 삼성이나 애플이 결코 가볍게 보아 넘길 사안이 아닙니다.

이유를 알고 나면 더욱 심각해집니다. 지금 삼성 제품을 쓰는 사람들에게 물어보면 대다수가 '다른 대안이 없어서'라고 대답합니다. 똑 부러진 대안만 있으면 바로 갈아탈 준비가 돼 있다는 건데요. 마치 과거에 투덜대며 국산 차를 타던 사람들이 너도나도 수입차로 갈아타기 직전의 상태와 비슷합니다.

또 눈여겨봐야 할 것은 이제 스마트폰을 말하면서 '스마트함'보다는 '유용함'에 대한 언급이 늘고 있다는 점입니다. 스마트폰은 더 이상 신기하거나 놀라운 신문물이 아니라, 우리 일상과 하나가 된 유용한 물건이 되었습니다. 그에 따라 사람들은 각 제품의 장단점을 매우 세밀하게 느끼고 평가하기 시작했습니다.

왜 이런 변화가 생겼을까요? 컴퓨터 과학자 앨런 케이Alan Curtis Kay의 말에서 힌트를 얻을 수 있습니다. 그는 이렇게 말했습니다. "당신이 태어난 다음에 나온 게 테크놀로지다Technology is anything invented after you were born, everything else is just stuff."

아이폰 이후 스마트폰이 나온 지 10년이 지났습니다. 그때 태어난 혹은 어렸던 아이들이 지금 십대가 되었습니다. 그들에게 스마트폰은 결코 신기한 것technologies이 아닙니다. 이들 세대가 등장함에 따라 스마트폰 자체보다는 그것으로 무엇을 할 수 있는지가 중요해지고 있습니다. 그런데 부모는 스마트폰을 멀리하라고 합니다. 부모들에게는 스마트폰이 여전히 신기하고 두려운 것이기 때문이죠. 하지만 새로운 세대는 그것을 이용해서 오락만 하는 것이 아니라 창작하고 배우고 느낍니다. 여기에 많은 경험이 얹어짐에 따라 지식도 많아지고 입맛도 까다로워지고 있습니다. 이들의 입맛에 맞추기 위해서는 현재 1등이라는 것만으로는 부족합니다. 사람들을 관찰하고 우리를 둘러싼 환경이 어떻게 변화하고 있는지, 그에 따라 우리의 욕망은 어떻게 변주되고 있는지 꾸준히 파악해야 합니다.

'당신의 직업은 안녕하십니까?'

언제부터 '치킨'이 우리의 주요 먹거리가 된 걸까요? UN 식량농업국의 2010년 자료에 따르면 세상에는 195억 마리의 닭이 연간 1조 1000억 개의 계란을 낳는다고 합니다. 지구상에 2000억~4000억 마리의 조류가 있다고 하니 새 10~20마리 중 한 마리가 닭인 셈이군요. 70억 명에 불과한 사람들이 엄청난 양의 닭과 계란을 먹고 있음이 숫자로 실감됩니다.[15]

이 와중에 인터넷에 한 고교생이 이런 글을 올려서 화제가 되었습니다.

"1·2·3등급은 치킨을 시키고, 4·5·6등급은 치킨을 튀기고, 7·8·9등급은 치킨을 배달한다."

등급에 울고 웃는 고등학생의 자조 섞인 글이라 수험생들에게 많은 공감을 얻었다고 하는데, 막상 1·2·3등급으로 우수한 대학을 나와 대기업에 입사한 사람들에게서는 조금 다른 이야기가 나왔습니다. 대기업 입사 후 10년 정도 지나 명예퇴직을 하고 나니 적은 자본으로는 할 만한 일이 없어 결국 치킨집을 차려 '4·5·6등급처럼 치킨을 튀기고', 이문이 많지 않으니 조금이라도 아끼려고 '7·8·9등급처럼 배달도 한다'는 것입니다.

국내에 치킨 프랜차이즈는 300~400개에 달하고 지점은 3만 2000개나 됩니다. 이 포화시장에서 프랜차이즈가 꾸준히 되는 이유는 한국인이 유난히 닭을 사랑하는 민족이어서가 아닙니다. 퇴직한 사람들이 커피숍은 비싸서 못 차리고 그나마 퇴직금으로 해볼 만한 치킨집에 몰리기 때문이죠. 오죽하면 선배 프로그래머가 "프로그래머로 먹고 살려는 사람이 있다면 조언 하나, 닭은 160~170도에서 15분 정도 튀기는 게 제일 적당하다"는 조언 아닌 조언을 하겠습니까. 어차피 경력의 끝은 닭을 튀기는 것일 테니 미리 배우라는 뜻일 테죠. 그런가 하면 풀기 어려운 이공계 문제는 치킨집 사장님에게 물어보라는 농담도 들립니다. 모든 연구소장들이 치킨집 사장이 돼 있다는 뜻입니다. 어느 개발자 포럼에서 발표된 장장 158쪽에 달하는 "프로그래머는 치킨집을 차릴 수 있는가"라는 슬라이드가 남의 얘기 같지 않습니다. 급기야 어느 인터넷 게시판에는 "서울대 문과가 낫냐, 치킨대가 낫냐"는 글이 올라오기도 했습니다. 어차피 다 치킨집 할 건데 치킨대학 일찍 가는 게 낫지 않느냐는 것입니다. (실제로 경기도 이천에 치킨대학이 있습니다.)

세태가 이러합니다. 아버지 세대에는 '평생직장'이라는 게 있었는데 지금은 그게 없어서 명예퇴직 후 뭐라도 해보려는 초보 자영업자들로 넘쳐납니다. 그러자 '평생직업'을 찾으라는 조언이 삶의 진리처럼 전해졌습니다. 그러나 직업이라고 무사할까요? 내 의지와 상관없이 희망퇴직이란 이유로 밀려나기 일쑤이고, 잘못하면 아예 업종 자체가 가라앉을 수도 있는데요?

일례로 요즘 증권업계를 보십시오. 주식이 활황이던 시절에는 최근의 거듭되는 구조조정을 상상이나 했을까요. 예전에는 어렵고 힘들더라도 주식공부도 하고 투자도 했지만, 이제는 주식공부를 아무리 열심히 해도 투자할 가처분소득이 없습니다. 2003년 우리나라의 주식투자자 연령대 비율을 보면 20~40대가 49%, 50대 이상이 50.5%였습니다. 나머지 0.5%는 은수저를 물고 태어나 네 살 때부터 주식을 보유한 아이들입니다. 그런데 2013년에는 20~40대의 비중이 34.5%로 줄었습니다. 10년 만에 무려 15%p가 빠져나간 것입니다. 월급이 "내 것인 듯 내 거 아닌 내 것 같은" 현실 때문이죠. 이렇게 된 이유는 여러분도 아실 겁니다. 첫째는 대출금, 둘째는 사교육. 교육에 올인해야 하는 오늘날의 사회야말로 증권회사의 진정한 경쟁자입니다.

같은 맥락에서 생명보험사의 경쟁자는 비슷비슷한 금융권이 아니라, 아이를 낳지 않는 사회입니다. 남자들은 대개 첫째아이를 낳으면 종신보험에 가입합니다. 아내가 들으면 섭섭할지 몰라도, 아내는 남이 될 수 있지만 아이는 내가 책임져야 할 혈육이라 괜히 결연해져서 보험을 찾습니다. 아이를 안 낳으면 보험들 생각도 하지 않는다는 거죠. 그 돈을 다 쓰고 죽지 왜 묻어두겠습니까. 이처럼 산업 외의 영역에서 일어나는 변화까지 두루보지 못하면 업종 전체가 망가질 수 있습니다.

시야를 좀 더 넓혀볼까요. 2011년 네이버 지식인 서비스에 올라온 질문 중 '지금은 없어진 직업은 무엇인가요?'라는 것이 있습니다. 초등학교 4학년 방학숙제라는데 방물장수, 인력거꾼, 버스안내원 등 추억을 일깨우는 직업들이 답안으로 채택되었습니다. 여기까지는 추억이라 치부할 수 있지만, 옥스퍼드 대학에서 논문으로 발표된 '앞으로 20년 내에 사라질 직업 리스트'는 위기감을 주기에 충분합니다. 현존하는 직업 중 47%가 사라질 것으로 예측됐는데, 1위가 콜센터 상담직, 2위가 회계사, 3위가 소매판매업자, 4위가 저널리스트, 5위가 부동산중개인이었습니다.[16]

상위에 랭크된 직업이 흔히 생각하는 단순반복직은커녕 오히려 지적 노동이나 전문성을 요구하는 직종이 많아서 놀라움을 줬는데, 조금만 돌아보면 이런 징조는 이미 나타나고 있습니다. 우리가 보는 기사 중에서 '류현진이 등판해서 방어율이 얼마가 됐다'는 식의 기사는 내러티브사이언스 사의 퀼Quill이라는 소프트웨어가 씁니다. 세이버 매트릭스Sabermetrics라는 야구통계 시스템이 있어서 몇 번째 공의 구질이 무엇이라는 것이 다 나오기에 가능합니다. 이밖에도 어디에서 지진이 났다거나 하는 식으로 팩트만 전하는 단순한 기사는 퀘이크봇Quakebot이 씁니다. 기계가 계속 진화하여 수년 안에 퓰리처상을 받을 수 있다는 예측도 나오고 있는데, 과연 불가능할 것이라 생각하시나요?

사이먼 스트링거Simon Stringer 교수가 예측한 '사라질 직업 리스트'는 의료기술과 생활수준의 향상으로 월등히 오래 살게 된 현 인류의 불안을 배가시킵니다. 젊은 세대뿐 아니라 기성세대의 위기의식도 만만치 않죠. 일반 직장인보다 고용안정성이 훨씬 좋은 교수들도 걱정은 똑같은데, 자녀들에게 어떤 직업을 권할지 막막하기 때문입니다.

사실 오늘날 부모들이 가장 힘들어하는 게 이것입니다. 자녀들에게 자신 있게 삼성 가라는 말을 할 수가 없습니다. 기성세대가 젊었을 때는 대기업에 가면 평생 먹고 살 걱정을 하지 않아도 됐는데, 이제는 그러리라고 장담할 수 없습니다. 1980년대만 해도 은행에 취직하는 게 최고였는데, 20년 후 본인 세대가 명예퇴직 바람에 휘말려보니 회사가 개인의 앞날을 보장해주지 않는다는 것을 실감한 탓입니다. 그래서 교육지책으로 강요하는 게 공무원과 의사입니다. 수능 점수가 가장 높은 아이들이 서울대 의대를 가고, 그다음 아이들은 서울대 다른 학과가 아니라 다른 대학 의대를 갑니다. 이런 식으로 전국의 모든 의대를 차곡차곡 다 채우고 있습니다. 그렇다면 한국의 공부 잘하는 아이들은 대학 나와서 모두 의사만 하겠다는 걸까요? 병원의 연간 폐업률이 8%에 달한다는 의사실업 시대가 이미 도래했는데도요?[17] 큰일이 아닐 수 없습니다.

남의 이야기가 아닙니다. 산업혁명이 근육을 대체했듯이, 앞으로 무언가가 우리의 뇌를 대신하는 세상이 열릴 것입니다. 그때 나의 직업이 살아남을지를 고민해야 합니다. 단순히 제품을 많이 파는 것을 넘어, 우리의 업 자체를 다시 생각해봐야 합니다.

그러나 우리의 현실적인 고민은 직업은커녕 여전히 취업에 못 박혀 있습니다. 5억 5000만 건의 소셜 빅데이터를 통해 보았을 때, 꾸준하게 관심이 유지되는 키워드 중 하나가 바로 '취업'입니다. 2008년 이후만 따져보아도 언급량이 약 4% 증가했더군요. 대조적으로 같은 기간 동안 '직업'에 대한 관심은 24%가 줄었습니다. 직업이란 취업에 선행되어야 할 고민이건만, 자신의 능력과 적성을 곰곰이 따져 직업을 선택하기보다 당장 직장을 구하는 데 급급한 것입니다.

그러나 취업이 급하다고 무작정 뛰어들어서는 될 일도 안 되지 않을까요. 특히 지금 당장 좋아 보이는 공무원, 대기업 지원자 무리에 무턱대고 줄을 서서는 안 됩니다. 우리는 큰 조직에 몸담는 순간 조직이 나의 평생을 보장해주기를 희망하지만, 조직은 '표준화'라는 미명 아래 '순환보직'이란 수단으로 개인을 무장해제하기 일쑤입니다. 대기업에서 경력 15년을 쌓았는데 총무 3년, 구매 3년, 회계 3년…이런 식으로 일했다면 회사를 떠난 뒤 아무것도 하지 못합니다. 엄밀히 말해 경력이라는 것은 조직과 시스템 없이도 내가 일할 수 있는 업입니다. 단순히 회사에서 일했던 시간은 경력이 아닙니다. 그 회사를 버리는 순간 할 수 있는 게 없는데 어떻게 나의 경력입니까.

조직에서 끝까지 살아남아 높은 직위와 안위를 보장받는 것을 낙관하기엔 너무나 격정적이고 변화무쌍한 세상에 우리는 살고 있습니다. 그러니 금융맨이라고 해서 증권회사나 생명보험 같은 업종에 나의 리스크를 걸면 안 됩니다. 그보다는 내가 하는 일이 무엇인지 보아야 합니다. 화장품 회사에 다닌다고 화장품에만 매몰되지 말고 뷰티산업, 나아가 뷰티문화 전체를 보아야 합니다. 사람들은 예뻐지기 위해 화장품을 고르다가 옆 가게에 예쁜 옷이 눈에 띄면 그 옷을 살 수도 있고, 패션의 완성은 몸매이니 다이어트를 할 수도 있고, 결단을 내려 성형수술을 할 수도 있으니까요. 여러분이 화장품 회사에 다니고 있다면, 퇴직 후 화장품 하청업체를 차릴 수도 있지만 다른 뷰티 관련 사업을 할 수도 있지 않을까요?

단, 여기에는 조건이 있습니다. 업을 정할 때는 내가 아무것도 없는 상태에서 무엇을 할 수 있는지를 고민해야 합니다. 제 생각에 그 조건은 3가지입니다. 첫 번째는 그 일이 사회적으로 유용한가, 두 번째는 내가 잘할 수 있는가, 세 번째는 남이 할 수 없는 일인가입니다.

치킨집의 경우 첫 번째 조건에는 맞을지 몰라도 두 번째는 모호하며, 세 번째는 해당사항이 없습니다. 누구나 할 수 있다면, 잠깐은 잘할 수 있다 해도 그 우위를 지킬 수 없습니다. 누구나 할 수 있는 일에는 누구나 뛰어들고, 결국 가격경쟁으로 귀결됩니다. 인간은 모두 지능이 있기 때문에 여러분이 혼자 시장을 독식하도록 놔두지 않습니다. 치킨집이 내 업이 되기 어려운 이유입니다. 직장생활에 지친 저녁에 친구들과 잡담하면서 떠올리는 '사업거리'들도 당장은 그럴듯하게 들리지만 진입장벽이 낮아 누구나 따라 할 수 있는 것이 대부분입니다.

그렇다면 다시 시야를 넓혀서, 직종 자체가 없어지는 경험을 나나 자녀가 하지 않으려면 도대체 어떤 직업을 가져야 할까요?

앞에서 소개한 '20년 내 사라질 직업'은 모두 '컴퓨터가 대체할 수 있는 일'이라는 공통점이 있습니다. 이미 많은 글로벌 기업들이 로봇 관련 기업 인수전에 뛰어들었습니다. 그러고는 무인 자동차를 개발하는 등, 인간 고유의 영역이라 여겨지던 것을 하나하나 로봇으로 대체하려 하고 있습니다. 팍스콘에서도 팍스봇이라는 로봇을 자체 개발해 생산라인에 투입하는 중입니다. 작업의 정교함을 더하고 인건비를 줄이기 위해서죠. 중국은 상대적으로 임금이 높지 않은데 그 인력마저 줄이려 하고 있는 겁니다.

그렇다면 살아남을 직업이라는 것은 결국 '컴퓨터가 대체할 수 없는 일'이라는, 앞선 문단의 여집합에 있을 듯합니다. 많은 경험을 필요로 하여 그 과정을 섬세히 계량화하기 어려운 직업, 종류나 생산환경이 매우 다양해서 동일한 생산물이 나오기 어려운 직업, 그리고 무언가 존재하지 않는 것을 만들어내는 창조적 직업 등은 아직까지는 인공지능이 흉내 내기 어려운 일들입니다. 예를 들어 초밥은 기계가 못 만듭니다. 일반적인 수준의 초밥은 만들 수 있을지언정 장인 수준으로 올라가기는 어렵습니다. 일본의 어느 유명한 초밥 장인은 밥을 지을 때 종이로 불을 지핀다고 합니다. 그러고는 온도를 자신의 느낌으로 맞춘다

더군요. 이런 감각은 기계는커녕 사람에게도 전수하기 어렵습니다. 또한 무에서 유를 창조하는 소설가도 대체되기 어려울 듯합니다.

한마디로 우리 모두 장인匠人이나 예술가가 되어야 한다는 것입니다.

결코 쉽지 않은 일이죠. 이런 직업들은 모두 과거에 정해져 있는 방법만 그대로 익혀서는 안 된다는 공통점이 있습니다. 게다가 이런 직업을 택해 돈을 벌기까지 투자해야 할 시간과 노력이 상당합니다. 무엇보다도 컴퓨터가 할 수 없는 일을 할 자질이 우리 모두에게 있기는 어렵다는 불편한 진실을 외면할 수 없습니다.

현재의 교육은 우리가 장인이 되도록 도와주고 있을까요? 취업준비생들은 남들도 다 하는 대로 스펙을 쌓기 위해 애를 쓰지만 토익 900, 학점 3.7, 어학연수 6개월, 공모전 3회 참여와 같은 표준화된 스펙으로 장인의 자질이 있는지 판단하기는 어렵습니다. 더욱이 지금 취업준비생들의 미래가 20년 후에 어떻게 펼쳐질지 상상하는 것은 두렵기까지 합니다. 피나는 노력을 기울여 얻은 직업이 커리어가 정점에 이르러야 할 40~50대에 어떻게 될지 모른다니 말이죠. 사회변화를 민감하게 읽고 준비하지 못하면 애써 전공을 택했는데 졸업할 즈음엔 하향산업이고, 열심

히 노력해서 운 좋게 취업했다 해도 몇 년 후에는 동료를 명예퇴
직자로 떠나보내야 하고, 언젠가 그 자리에 내가 서야 합니다.

기술과 환경의 변화는 기성세대의 삶을 충실히 따라 하던 우
리에게 예측 불가능한 미래를 던져주고 있습니다. 인공지능이
라는, 인간이 인간을 위해 만든 기술이 우리의 목을 죄어오고 있
습니다. 이러다가는 실업률을 더 이상 견디지 못한 우리의 후손
이 〈터미네이터〉처럼 인공지능 연구의 싹을 없애버리기 위해 타
임머신을 타고 우리 시대로 날아올지도 모를 일이죠. 예측 불가
능한 미래가 설레기보다 불안한 것은, 미래가 결코 행복하지만
은 않을 것이라는 육감sixth sense이 전해졌기 때문은 아닐까요.

여러분의 직업은 안녕한가요?

과연 언제까지요?

남자, 속하지 못하다

산업의 변화, 직업의 위기는 한국 사회에 '가장의 위기'로 극
명하게 드러납니다.

매년 12월은 많은 대기업들이 임원 인사를 발표하는 시기입
니다. 2018년 기준으로 한국 기업의 여성 임원 비율은 2.3%에

불과하니, 아직까지는 주로 남성이 임원 인사의 대상이 되겠군요. 또 30대 기업으로 본다면 임원들의 평균 연령은 53.8세이므로 1960년에 태어난 '아저씨'들이 우리나라 대기업 임원의 평균적인 모습일 듯합니다.

이들은 어떻게 나고 자랐는지 궁금증이 일어 위키백과에서 1960년에 대해 알아보았습니다.[18] 먼저 한국에서는 4·19와 함께 제2공화국이 출범했습니다. 1960년생들은 에너지 파동이 일어난 1973년에 국민학교를 졸업하고, 부마항쟁이 일어난 1979년에 대학에 들어가지만 1980년 5월의 봄 이후로는 수업을 제대로 듣지 못했습니다. 그 후 3년간의 군복무를 마치고 1986년에 졸업해 20년 넘게 열정을 불살라 지금의 자리에 이르렀습니다. 물론 1997년의 외환위기 때 살아남은 이야기도 빠질 수 없는 훈장이죠. 그사이 한국은 수출 순위가 세계 88위에서 7위로 껑충 뛰었고 무역 규모가 1조 달러를 넘게 되었으니 그들의 공이 얼마나 컸는지 금세 이해할 수 있습니다.

그런 남자들이 지금 힘을 잃고 있습니다. 사람들의 관심사에 예민하게 촉수를 뻗고 있는 TV 프로그램만 보더라도 단적으로 드러납니다.

최근 몇 년간 예능 프로그램의 대세는 분명합니다. 〈아빠 어디 가〉, 〈진짜 사나이〉, 〈나 혼자 산다〉, 〈꽃보다 할배〉를 지나

〈나는 자연인이다〉를 거쳐 〈도시어부〉로 나아가고 있습니다. KBS의 다큐멘터리 〈남자여, 늙은 남자여〉에는 평생 3번만 울어야 한다고 배워온 중년 남성들이 종종 눈물 흘리는 장면이 보입니다. 남자의 일생을 연대기처럼 보여주고 있으니 이쯤 되면 실시간 생중계되던 사나이의 삶을 다룬 영화 〈트루먼 쇼〉를 방불케 합니다.

이 프로그램들의 공통점은 어리거나 나이든 '남자들'이 '여자 없이' '일상적인 무언가'를 해나간다는 것입니다. 여기에 '먹방'은 빠질 수 없는 요소로 화룡점정이 됩니다. 정리해보면 결국 '남자들이 모여서 밥해먹는' 프로그램이 대세라는 것입니다.

남자들이 밥해먹는 것이 왜 재미있을까요?

인류역사의 대부분의 사회는 남성 중심의 사회였습니다. 투쟁의 시대에는 힘세고 싸움 잘하는 남성이 아무래도 더 많은 권력을 차지하게 마련이죠. 고고학자인 피터 매캘리스터Peter McAllister의 책 《남성 퇴화 보고서》에 따르면 1987년 일본궁도 5단의 아시기와 유이치는 120m 떨어진 과녁을 향해 쏘는 전통 활쏘기 대회를 재현하여 100번 중 9번 적중시킨 데 반해, 1830년 당시 열다섯 살의 고쿠라 기시치는 100번 중 94번 맞혔다는 기록이 있다고 합니다.[19] 무武를 숭상하여 힘을 키우는 것이 큰 가치로 여겨지던 당시에는 십대 소년도 체력을 키우기 위해 노력

했을 겁니다. 그러나 단순한 힘보다는 사고하고 소통하는 힘이 더 큰 성과를 가져오는 현대에는 힘과 근육을 사용하는 능력이 현저히 줄어들고 있죠.

남자가 곧잘 하던 '힘 잘 쓰고 싸움 잘하는' 덕목은 산업혁명과 무인 공격기 같은 첨단무기의 출현으로 그 가치가 급속도로 떨어졌습니다. 전통적인 남성들의 강점이 점점 퇴색되면서 상대적으로 여성적 특성이 강점으로 인정받는 사회로 움직이고 있습니다. 그래서인지 최근 몇 년간 남성에게 '귀엽다'라는 감성이, 여성에게는 '멋있다', '쿨하다'와 같은 감성의 비중이 꾸준히 높아지고 있습니다. 물론 여전히 남자들의 최고 관심사는 '예쁜 여자'이지만, 적어도 '멋진 남자'가 평정하던 기존의 판단기준은 변화하고 있습니다.

이렇다 보니 남성은 밖에서 생산을 담당하고 여성은 안에서 내조와 살림을 맡는다는 전통적 분업이 의미 없어지는 것은 당연한 귀결입니다. 2018년 한국 20대 여성 고용률(59.6%)은 20대 남성 고용률(56.1%)을 앞질렀습니다.[20] 물론 불황기에는 저임금 일자리가 많이 생기고, 아직까지 한국은 여성이 남성보다 상대적으로 낮은 급여를 받는 불평등이 있다 보니 아이러니하게 여성 위주로 취업이 더 많이 되는 면도 있을 겁니다. 하지만 이 점을 감안하더라도 여성 고용률의 꾸준한 상승은 앞으로의 사회 변화에 시사하는 바가 적지 않습니다. 분명한 것은, 일련의 사회 변화에 따라 전통적 남성성의 영향력은 점점 더 적어질 것이라는 사실입니다.

단적인 증거가 가족 사이에서 외톨이가 된 아빠들입니다. 자녀들은 아빠에 대해 말하지 않습니다. 사람들이 블로그에 쓴 글을 보면 아빠보다 엄마에 대한 언급이 228%나 많습니다. 사람들은 월요일에는 바빠서 짬을 못 내다가 화, 수, 목요일에 엄마에게 전화합니다. 전화했더니 반갑고, 짠하고, 잔소리가 지겹더라는 등의 소회가 여기저기에서 보입니다. 그러면 아빠에게는? 없어요. 아빠와 통화한다는 말은 거의 없습니다. 아빠는 그들의 머릿속에 없는 겁니다.

누군가에 대한 인지認知는 그와 함께 보낸 시간에 비례합니다. 그런데 우리는 산업화 단계를 거치느라 밖에서 일하는 아빠와 시간을 보내지 못했습니다. 매일 야근하지, 술 마시지, 주말엔 잠자야지, 이러느라 아빠는 너무 바빴습니다. 밤낮없이 일해야 하는 아빠와 함께 시간을 보내는 것이 사치처럼 느껴지던 세월을 보냈습니다. 그러면서 우리 머릿속에 아빠의 자리가 점점 줄어들어갔습니다.

가족 및 자녀와의 애착이 적어진 남자는 이혼에 더욱 취약해질 수밖에 없습니다. 더욱 끔찍한 사실은, 아빠가 아이들과 떨어져서 보낸 시간이 훗날 고독사의 비율로 전환된다는 것입니다. 우리나라 남자 대 여자의 고독사 비율은 7대 3입니다.[21] 남자가 여자보다 두 배 높습니다. 주요 원인은 실직, 이혼, 질병입니다. 미국 애리조나 대학 연구팀에 의하면 이혼한 남성은 기혼 남성보다 조기 사망 위험이 31% 높은 반면, 여성의 경우는 18% 높다고 합니다.[22] 돈 버는 것 외에 별달리 할 줄 아는 게 없는 남자들이 갑자기 돌봐주는 사람 없이 홀로 되면 삶의 질이 떨어지고, 결국 생존기간이 줄어드는 것입니다.

그런데 이혼의 원인은 알고 보면 실직일 때가 많습니다. 결혼하고는 계속해서 일에 파묻혀 사느라 얼굴은 안 보여주고 월급만 보내면, 이 남자의 가족 내 기능function이 자신도 모르는 사이에 돈 버는 게 돼버립니다. 그런데 실직을 해서 돈 버는 기능을 다하지 못하면? 더 이상 이 사람이 필요 없어지니 이혼당하는 겁니다.

이처럼 일만 하고 자녀들과의 유대를 소홀히 할수록 나중에 고독사할 확률이 올라갑니다. 이쯤 되면 최근 가정적인 아빠를 일컫는 '프렌디' 문화가 생기게 된 이유가 이해되실 겁니다. (저도 이 데이터를 본 다음부터는 가능한 한 아이들과 시간을 많이 보내려고 노력합니다.)

하지만 아무리 부모자식 간이라도, 하지 않던 대화를 갑자기하기는 쉽지 않죠. 그래서 생각해낸 아빠의 고육지책이 '거실 점령'입니다.

온라인상에 올라온 글들을 보면 '아빠는 거실 소파에서 잠을 잔다'는 표현이 유난히 자주 나옵니다. 그렇습니다. 아빠는 대체로 TV 리모컨을 쥐고 거실 소파에 앉아 있다가, 그 자세 그대로 그곳에 잠듭니다. 왜 아빠는 거실에서 잠을 잘까요? 자세히 관찰해보면 불편한 진실이 드러납니다.

아빠가 집에 돌아오면 거실에 모여 있던 가족들은 각자의 방으로 흩어집니다. 아빠는 이따금씩 일찍 들어오면서, 오랜만에 마주치면 잔소리를 하는 존재이므로 불편해서 함께 있으려 하지 않는 거죠. 하지만 아빠는 자신이 여전히 가족의 일원이라는 사실을 믿고 싶어 합니다. 그러니 식구들을 볼 때마다 그들의 일상에 불쑥 참견하는 것입니다. 그러나 자식들은 왜 평소에 안 하던 행동을 하시나 하며 피하기 일쑤입니다.

그러면 아빠는 어디에 가야 할까요? 고민하다가 가족이 모두 모이는 전략적 요충지인 거실에 자리 잡습니다. 손에는 전가의 보도(寶刀)인 리모컨을 쥐고요. 그러고는 가족이 보고 싶어 하는 드라마나 예능 프로그램은 결코 보여주지 않고, 본인도 그다지 좋아하지 않는 뉴스나 스포츠를 '보는 척'합니다. 그래야만 자신의 존재를 강하게 보여줄 수 있다고 생각하기 때문입니다.

아빠는 자신이 왜 이러는지 알까요? 아마 모를 겁니다. 왜 자신이 어렸을 때 읽었던 동화의 외로운 거인처럼 혼자 거실에서 TV를 보다가 잠들어야 하는지 이해하지 못합니다. 이것은 근대 소설 〈술 권하는 사회〉처럼 '열정(이라는 핑계로 야근)을 요구하는 사회'에서 살아온 업Karma의 결과입니다. 업무 실적보다는 직장에서 늦은 시간까지 열심히 일하는 것이 애사심의 척도였던 구습習習이 가족과 함께 보낼 시간을 갉아먹어 버렸고, 결국 아빠는 더 이상 갈 곳이 없어진 겁니다.

전통적으로 가족은 일상의 역할을 나누면서 힘들거나 어려울 때 서로를 보호해주는 울타리였습니다. 하지만 최근 사회가 변화하면서 가족의 역할이 줄어들고 개인이 중요해지면서 각자 살아남기 위해 미리 준비해야 한다는 강박이 커지는 것은 어쩔 수 없습니다. 또한 남녀평등이 거론되고 안팎의 일에 대한 구분이 사라지면서 남자가 여자에게 섭생을 온전히 의지하기 어려운 세상이 되었습니다. '먹는 일'에 대해 여자에게 도움을 요청하기 어려워졌으니 남자들은 독자적으로 생존 방법을 찾아야 합니다. 그래서 남성들이 모여 밥을 해먹는 프로그램이 예능의 대세가 된 것이죠. 전통적 남성성의 위기를 감지한 누군가가 영리하게 남자들의 다양한 생존기를 상품화한 겁니다.

'삼시세끼 해결'과 함께 가사노동의 양대 축이라 할 수 있는 육아에도 남자들의 활약상은 과거에 비해 눈부십니다. 하긴, 아빠인데 아이를 돌보지 않으면 어쩔 건가요. 점점 더 많은 여성들이 엄마가 된 후에도 계속해서 일하기를 원합니다. 또한 그럴 수밖에 없고요. 아이 한 명 가르치는 데 몇 억씩 들어가는 세상에 살면서 감히 어떻게 외벌이를 하겠습니까. 하지만 누군가는 어린아이를 돌보아야 하니, 일과 육아 사이에서 균형을 찾는 것이 워킹맘을 넘어 온 가족의 최대 이슈가 되었습니다. 조부모가 도와주면 숨통이 트이겠지만, 그렇지 않으면 육아휴직을 신청하거나 베이비시터를 알아보는 등 총력을 기울여 일과 육아를 동시에 할 방안을 모색해야 합니다.

이때 가장 먼저 호출되는 사람이 아이 아빠입니다. 아빠는 육아에 참여하는 것이 좋기도 하고 귀찮기도 한 어정쩡한 상태로 부름에 응합니다. 이러한 변화를 반영해 아빠가 아이와 함께 여행을 떠나는 TV 프로그램이 나오더니, 곧이어 하나도 아니고 둘도 아니고 무려 셋이나 되는 아이를 혼자 돌보는 영웅담이 전파를 탑니다. 이런 분위기에서 여전히 TV 리모컨과 벗하며 주말을 보내기는 무척 어렵습니다. 남자도 무언가를 해야 합니다. 가족들 사이에서 건재하기 위해서든, 혼자 힘으로 살아가기 위해서든 말이죠.

아빠만 변하는 것이 아닙니다. 엄마도 물론 변합니다. 사람들이 무언가에 대해 갖고 있는 이미지 중 가장 항구적인 것이 '엄마' 아닐까요. 그런 엄마도 변하고 있습니다.

흔히 생각하는 엄마는 '희생의 아이콘'입니다. 아무리 열악한 상황에서도 가족부터 챙기고 아이를 위해 헌신하고 기도하며 고난을 감내하는… 하지만 오늘날의 엄마들이 모두 이렇지는 않습니다. 이제 돌잔치는 생일을 맞은 아이만을 위한 것이 아니라, 엄마아빠가 아이를 키우면서도 자기관리를 철저히 해 결혼 전 몸매를 유지하고 있음을 뽐내기 위한 자리이기도 합니다. 이제는 엄마들도 자신을 먼저 생각할 줄 알게 되었습니다.

희생의 아이콘이 갑자기 자기관리의 아이콘이 될 리는 없을 터, 어떤 사회 변화가 새로운 엄마들을 탄생시켰는지 볼까요.

현재 30대인 엄마들은 1985~2000년에 태어난 밀레니얼 세대로, '58년 개띠'로 상징되는 베이비부머 세대의 자녀들입니다. 이 세대에는 몇 가지 뚜렷한 특징이 있습니다. 우선 이들은 태어날 때부터 디지털 라이프스타일이 몸에 밴 첫 세대입니다. 비교적 순탄한 어린 시절을 보내다 갑자기 외환위기가 닥쳐 가계가 휘청이는 것을 간접경험하기도 했습니다. 이 때문인지 미래에 대한 희망을 품고 변화에 민감하게 반응하기보다는 격변 앞에도 '그러려니' 하는 초탈한 삶의 자세를 체화하고, 진취적으로 새로움을 추구하기보다는 재미있는 것을 더 중시하는 경향이 있습니다.

세상이 요동치는 와중에 스스로를 지키려면 자연스럽게 '나'를 중심으로 생각할 수밖에 없죠. 더욱이 이들은 모든 물건을 공유하던 기성세대와 달리, 나의 물건을 소유한 첫 번째 세대이기도 합니다. 밀레니얼 세대를 자기중심적인 '미me 제너레이션'이라 부르는 것도 이러한 현상과 맞물려 있습니다.[23]

이들의 세대별 특성 중에서도 가장 두드러지는 것이 '알파걸'로 불리는 여성의 약진입니다. 2009년을 기점으로 한국의 대학 진학률은 여성이 남성을 앞질렀고, 취업 시장에서도 여성의 활약이 눈부십니다. 여성 취업자 중 전문직·관리직의 비중도 20%를 넘어섰고요. 각종 국가공인 시험 및 대기업 채용에서 여성이 강세를 보이는 것은 어제오늘의 일이 아닙니다.

기민한 기업은 이런 변화를 재빨리 수용합니다. 1980년대의 가전제품 광고에는 항상 기품 있는 엄마가 주방에서 제품을 어루만지는 광고가 나왔는데, 이제는 뭇 엄마들이 좋아하는 남성 모델이 냉장고 문을 엽니다. 아니면 4인 가족이 함께 주방에 있습니다. 엄마 혼자 부엌일 하는 설정은 사라졌습니다. 우리나라뿐 아니라 외국도 마찬가지입니다.

이러한 흐름을 보고 나면 '요즘 엄마'들의 특성이 명확해집니다. 충분한 교육을 받고 사회생활도 할 만큼 하면서 30년 넘게 자기를 중심에 두고 살던 여성이, 엄마가 되었다고 자기를 포기할 이유가 없습니다. 이제는 아이의 행복만큼 자신의 행복을 소중하게 여기고 그것을 실천에 옮기는 엄마들이 대세입니다. 엄마의 역할은 예나 지금이나 고되지만, 그래도 마냥 힘들어하고 죄책감에 시달리기보다는 예쁜 엄마, 행복한 엄마가 되고자 애쓰는 모습이 이들의 표현에 두드러지게 나타납니다.

여기서 재미있는 점이 있습니다. 자기 혼자서만 좋아서는 안되고, 나의 예쁘고 행복한 모습을 누군가가 봐줘야 행복이 완성된다는 것입니다. 유유자적, 안빈낙도하는 삶은 이들이 바라는 완전한 행복이 아닙니다. '저 정도면 행복하겠다'고 사람들에게 인정받아야 합니다. 오죽하면 '명분 있는 행복'이란 말이 나올까요. 소셜 네트워크에 모기 물린 손 사진을 올리는데 사진 가장자리에 명품 손목시계가 슬쩍 걸쳐 있는 것, 이것이 이를테면 소소한 일상의 한 장면을 남들에게 보여줄 '명분'입니다.

그래서 이들은 여행, 맛집, 자동차 구매 등 일상적 소비에 적극적으로 돈을 씁니다. 반대급부로 아껴서 잘살자는 생각은 줄어서, 재테크나 투자 등 불확실한 미래의 수익에는 과거만큼 관심이 많지 않습니다. 미래가 보이지 않는다는 느낌은 오늘날 한국인들의 공통 정서이므로, 백년대계를 준비하는 엄마들도 현재를 즐기는 데 관심이 많습니다.

사회의 기본단위로 인식되는 가정에서 각 구성원의 역할과 생각은 이처럼 계속 변하고 있습니다. 부모만 변하나요. 할아버지 할머니의 일상도 더 이상 고즈넉하지 않습니다. 돈 버느라 바빠 아이 키우는 것이 버거울 때는 시댁과 처가에 손을 벌립니다. 과거에 처가란 화장실과 더불어 '멀수록 좋은' 그 무엇이었는데, 이제는 신혼집을 처가 바로 옆에 얻습니다. 자발적으로 '시월드'에 입성하는 용감한 며느리도 많아졌죠. 이게 다 아이 때문입니다. 예전 같으면 효부孝婦라 했겠지만, 요즘은 이사 오는 속셈이 빤하기 때문에 시어른들도 가까이 오는 아들 며느리가 반갑지만은 않습니다. 하지만 어쩌겠습니까, 돈은 벌어야 하고 아이는 키워야 하는 것을요.

이처럼 가족 구성원의 역할과 생각이 변화함에 따라 기존의 비즈니스도 조금씩 변주하며 이에 맞춰가고 있습니다. 엄마만 타깃으로 삼던 출판사에서 할머니를 위한 육아서를 냅니다. 할아버지가 아빠 역할을 하는 '하빠'라는 신조어가 생겨날 정도가 되자 방송국에서는 할아버지들의 육아 스토리를 프로그램으로 만들기도 했죠. 병원에서는 육아 스트레스를 호소하는 할머니들을 상담하고, 유아용품 회사는 엄마가 아니라 '조카바보'인 고모를 겨냥합니다.

일상의 변주를 따라가라

과거에는 육아란 엄마의 고유 역할이라는 데 누구도 의심을 품지 않았습니다. 조부모가 아이를 맡아 볼 때는 좋은 일이든 나쁜 일이든 부모에게 모종의 '이벤트'가 생겼을 때뿐이었습니다. 그러나 지금은 많은 조부모들이 자의 반 타의 반으로 주5일 동안 손자를 돌봅니다. 일탈적 이벤트가 일상적인 것으로 바뀐 경우죠.

비즈니스에서 늘 인식할 수밖에 없고 부담을 느낄 수밖에 없는 '변화'라는 거대한 화두 또한 단순화하면 일상과 일탈의 자리바꿈으로 설명할 수 있지 않을까요. 대중의 생각과 행동의 변화에 따라 일탈적이던 것이 일상 안으로 들어오기도 하고, 반대로 일상적이던 것이 더 이상 일상에서 볼 수 없는 구태의연한 것이되기도 하니 말입니다.

이 중 돈이 모이는 쪽은 당연히 '일탈'입니다. 그러므로 돈을 벌려면 무엇이 일상이고 일탈인지 알아야 할 뿐 아니라, 그것이 어떻게 변화하고 있는지를 계속 추적하고 관찰해야 합니다. 그래야 이미 일상이 된 것을 혼자 일탈이라고 우기는 실수를 피할 수 있습니다.

일상과 일탈은 다양한 측면으로 변주됩니다. 예컨대 일상적인 장소와 일탈이 일어나는 장소도 따로 있죠. 결혼한 여성들에게 시댁은 일상이고 친구 집은 일탈입니다. 장소 면에서 일탈의 끝판왕은 출장이고요.

그렇다고 일상과 일탈이 무 자르듯 경계가 확실하기만 한 것은 아닙니다. 쇼핑이나 여행은 비교적 뚜렷한 일탈이지만, 때로는 일상적인 행위가 좀 더 확장돼 일탈이 되기도 합니다. 예컨대 화장이 그렇죠.

성인 여성 중 매일 화장을 하는 분들도 많습니다. 여자들의 화장대는 지름신이 다녀간 결과물들이 즐비하지만, 그 많은 화장품을 매번 다 사용하지는 않습니다. 출근 준비를 할 때에는 대개 상대방에게 민낯을 보이지 않을 정도로 가볍게 합니다. 말하자면 이것이 일상의 화장입니다. 그러다 변신을 위해 일탈적 화장을 할 때가 있습니다. 중요한 이벤트가 있거나, 좋은 곳에 갈 때면 눈에도 힘을 주고 립스틱 색깔도 진해집니다. 음악도 그렇지 않은가요? 평상시에 듣는 음악은 일상의 피로를 풀어주는 아늑한 동반자이지만, 가끔 가는 공연장에서 접하는 음악은 그 자체로 중대한 이벤트가 됩니다.

이처럼 어떤 사물이 절댓값을 가진 게 아닙니다. '맥락context'에 따라 그 의미는 얼마든지 달라집니다. 아이들의 일탈이라 하면 뭐니 뭐니 해도 방학이죠. 생각만 해도 너무 즐겁습니다. 하지만 엄마에게는 방학이 지옥입니다. 널럴한 회사에 다니는 직원들에게는 가끔 하는 직무교육이 사육처럼 지루하고 짜증나지만, 밤낮없이 닦달하는 회사의 직원들은 외부 교육이 해방구처럼 즐겁습니다. 누구에게는 지옥이 누구에게는 천당이 되는 것처럼 행복이란 지극히 주관적입니다. 돈 많으면 행복하겠다고 생각하지만, 그들에게도 어려움은 다 있습니다. 특히 갑자기 부를 거머쥔 벼락부자들은 머니 쇼크를 견디지 못하고 삶이 파탄나기도 하죠. 그런데도 우리는 행복해지기를 바라면서 로또를 삽니다. 수많은 뉴스에서 로또와 불행의 상관관계를 전하는데도 우리 머릿속의 선입견은 그 사실을 받아들이려 하지 않습니다.

이처럼 일상과 일탈의 경계가 모호하고 수시로 바뀌기 때문에 '추적'이 필요합니다. 일상과 일탈의 미묘한 변주와 변화가 어떻게 일어나는지를 계속 따라가면서 그 추세에 여러분의 전략을 얹어야 흐름을 타고 가장 덜 고통스럽게 성공할 수 있습니다.

일례로 맥주의 변주를 살펴보죠.

몇 년 전만 해도 맥주 광고의 전형적인 장면은 '먹고 죽자'는 것이었습니다. 반팔 혹은 민소매의 남자가 뭔가 거친 활동을 하고서 요란하게 잔을 부딪칩니다. 이때 꼭 맥주를 반쯤 흘린 다음

벌컥벌컥 거침없이 들이켜곤 했습니다. 일상에서 벗어난 이벤트, 일탈의 상황을 그린 것이죠.

우리가 즐기는 맥주도 크게 다르지는 않았습니다. 회식 2차에 맥줏집에 가서 고주망태가 되도록 들이켜던 그 맥주, 혹은 3000cc, 5000cc 심지어 1만cc짜리 피처를 시켜놓고 친구들끼리 부어라 마셔라 하던 그 맥주. 예전의 그 맥주는 '시원하게' '들이켜며' '수다 떠는' 것이었습니다.

그런데 사회 분위기가 바뀌었습니다. 1, 2, 3차가 기본이던 기업 회식이 1차에서 끝나고, 아예 술 마시는 회식을 없앤 기업도 많습니다. 개인적인 술자리에서도 요즘은 예전처럼 먹고 죽자고 마시지 않습니다. 그러면서 맥주가 조금씩 일상의 영역으로 들어왔습니다. 저녁식사에 반주처럼 곁들이거나, 식사 후 커피 마시듯 밤에 가볍게 마시는 것으로 맥주 마시는 장면이 바뀐 것입니다.

그에 따라 맥주를 둘러싼 많은 것들이 달라졌습니다. 우선 맥주 맛이 중요해졌습니다. 예전에는 시원하면 만사형통이었는데 이제는 조금만 마시니 맛있는 맥주가 각광받습니다. 수입맥주가 괜히 뜨는 게 아니라는 거죠. 맥주회사로서는 자기네들이 수입맥주 시장을 만들었다고 자랑하고 싶겠지만, 독주毒酒를 마시지 않는 사회 분위기가 퍼져나간 결과임을 간과해서는 안 됩니다.

일상의 변화를 이해하려면 욕망이 변화한 이유를 알아야 합니다. 알코올 소비 세계 1위에 빛나는 한국 사람들이 왜 술을 덜 마시게 됐을까요? 그중에서도 독주의 하향세는 더욱 뚜렷합니다. 한국 사람들은 왜 독주를 마시지 않게 되었을까요?

동의하실지 모르겠지만, 사회가 그만큼 투명해졌기 때문입니다. 소주야 고단한 서민의 동반자이므로 사회의 투명성과 크게 관련이 없지만, 양주는 사정이 다릅니다. 밤에 독한 양주를 마시는 이유는 대개 '긴밀한' 이야기를 하기 위해서였습니다. 그런데 돈의 흐름이 비교적 투명하게 드러나도록 사회 시스템이 정비된 데다 무적의 인터넷까지 깔리면서 어두운 거래가 발붙일 여지가 과거에 비해 많이 줄었습니다. 그 결과 룸살롱에서의 법인카드 사용액이 2010년 9963억 원에서 2013년 7467억 원으로 25%가량 줄었습니다. 사람들이 더 이상 고급 유흥업소에서 예전처럼 위스키를 몇 병씩 마시지 않는다는 뜻이죠.

여기에 한국 사회의 밤문화를 바꾼 강력한 동인이 더해집니다. 부정청탁 및 금품 등 수수의 금지에 관한 법률과 주 52시간제 등의 변화가 회식 문화를 바꾸어가고 있습니다. 그에 따라 술을 파는 곳의 매출은 계속 줄어들고 반대급부로 식사를 파는 곳의 가격이 올라가고 있습니다.

수입맥주가 각광받는 것은 이 모든 사회 변화가 맥주시장에 미친 결과입니다. 맥주회사가 수입맥주 시장을 만든 게 아니라 시장이 이미 움직인 것이고, 회식과 접대가 줄어든 만큼 수입맥주가 그 자리를 메웠다는 것이죠. 기업이나 산업이 시장을 만들기는 매우 어렵습니다. 그것보다는 사회의 움직임이 해당 산업에 기회를 준 것이고, 그중 발 빠른 기업이 기회를 차지했을 뿐입니다. 물론 돈이 엄청나게 많으면 그 돈을 쏟아부어 억지로 시장을 만들 수 있겠지만, 그보다는 만들어진 시장에 맞추는 것이 순리입니다.

그렇다면 맥주회사는 변화된 시장에 어떻게 맞추어야 할까요? 먼저 맥주를 마시는 다양한 맥락을 살펴보죠. 가족이나 친구와 마실 수도 있고, 혼자 마실 수도 있습니다. 가끔은 상사와 술자리를 함께하기도 합니다. 시간으로 분류하면 낮술부터 퇴근 후, 주중, 불금, 주말 등으로 나눌 수 있겠군요. 제품의 형태로는 생맥주, 캔맥주, 병맥주로 나뉘고요.

맥주를 마시며 사람들은 맛있다고 느끼거나 시원해하고, 때로는 부드럽거나 담백하다는 등 상황에 따라 다양한 느낌을 받습니다. 예컨대 퇴근 후에 마시는 맥주와 '불금'의 맥주는 정서가 전혀 다릅니다. 퇴근 후에 마시는 맥주는 시원하고 기분 좋은 반면, '불금'에 마시는 맥주는 맛있는 것은 물론 분위기도 좋고 신납니다. 어떤 상황인지 대략 짐작이 갈 겁니다. '불금'의 맥주와 가장 극명하게 대비되는 감성은 회식의 맥주입니다. 가운데에 상사가 좌정하면 맞은편에는 그 밑의 상사가 앉고, 상사 옆자리는 직원들이 서로 앉지 않으려 피하다가 힘없는 신입 직원을 억지로 앉힙니다. 이 자리에서는 아무도 즐거워하지 않습니다. 오직 한 사람, 가운데 앉은 그분만 빼고요.

여하튼 맥주와 관련한 우리 사회의 분위기가 달라졌다는 것을 알았으니, 맥주회사가 이것을 어떻게 활용해야 할지 생각해보죠. 기업의 과제는 다기다양해 보여도 결국 두 가지로 수렴됩니다. 첫 번째는 '왜 이렇게 안 팔려?'이고, 두 번째는 '앞으로 뭘 팔지?'입니다. 즉 마케팅과 신제품 개발NPD이죠.

우선 마케팅을 보죠. 여기 국내에 막 들여온 벨기에 에일맥주가 있습니다. 풍부하고도 부드러운 맛이 특징이고, 과일향이 짙은 맥주입니다. 물론 에일맥주인 만큼 전체적으로 맛이 진하고 깊습니다. 이 낯선 맥주를 아무것도 없이 오직 맛의 특성만으로 팔아야 합니다. 과연 언제 누구에게 팔아야 할까요?

소셜미디어에서 추출해보니 '부드러운 맛'은 '친구' 또는 '불금'과 연관되었습니다. '깊은 맛'과 '풍부한 맛'은 가족과 함께 마시는 술에 어울렸으며, '강한 향'의 맥주는 주로 주중에 마시는 것으로 나타났습니다. 재미있게도 사람들은 이 모든 맛의 특성이 캔맥주보다는 병맥주에 어울린다고 인식하고 있더군요. 이렇게 해서 이 맥주와 가장 잘 어울리는 장면을 추출해본 결과는 다음과 같습니다.

'주중 퇴근 후에 휴식을 취하며 배우자와 함께 가볍게 맥주 한 병 마신다.'

이 말은 곧 이 맥주를 블라인드 테스트해보면 사람들의 머릿속에 위의 장면이 떠오른다는 뜻입니다. 이 맥주의 광고를 찍는다면 당연히 이러한 장면을 따와야 할 테죠.

이렇게 사람들이 머릿속에 가지고 있는 느낌을 빌려올 수 있으면 마케팅은 한결 쉬워집니다. 마케터가 생각하는 제품의 이미지를 억지로 사람들에게 이입시키는 것이 아니라, 대중이 이미 느끼고 있는 것을 차용하는 것이니까요. 물론 여기에는 중요한 전제조건이 붙습니다. 제품의 특성에서 사람들이 떠올리는 감각을 분석할 수 있어야 합니다.

두 번째는 신제품 개발입니다. 사장님이 어느 날 하명하십니다.

"캠핑이 떴다며? 캠핑에 어울리는 맥주 하나 만들어봐." 신사업 개발팀이 매일같이 받는 과제물이죠.

캠핑장에서 팔 맥주를 만들려면 캠핑의 속성을 알아야 합니다. 캠핑은 '여름' '주말' '저녁'에 '자연'으로 '여행' 가서 '가족'과 함께하는 것입니다. 아, 여기서는 반드시 '고기'를 먹어야 합니다. 한국의 아빠들은 캠핑장에 도착하자마자 텐트를 치고 고기를 굽습니다. 그걸 먹고는 잠깐 산책을 하거나 그조차 생략하고 바로 잡니다. 텐트 치고 고기 굽고 돌아오는 것입니다.

캠핑의 속성을 알았으니 이제 그에 필요한 맥주 맛을 뽑아볼 차례입니다.

여름의 맥주는 무조건 시원해야 합니다. 주말이나 저녁에 즐기는 맥주도 시원한 맛이 기본입니다. 여기에 더해 자연에서 즐기는 맥주는 청량함이, 고기에 먹는 맥주는 담백한 맛이 선호됩니다. 정리해보면, 캠핑장용으로는 시원하고 청량하고 담백한 맥주를 만들어야 합니다. 물론 캔맥주 형태로 포장해야 하고요.

캠핑은 현대인에게 즐거운 일탈 경험이지만, 그때 마시는 술도 예전과 같은 맥락의 일탈적 속성을 띠지는 않습니다. 캠핑장에서 먹고 죽자고 술 마시는 사람은 거의 없습니다. 또 다른 장소에서는 여전히 맥주를 부어라 마셔라 하기도 하겠지만요. 이처럼 일탈의 맥주도 때와 장소에 따라 속성이 달라집니다. 비단 맥주뿐인가요. 여러분이 관여하는 모든 대상에서 일탈과 일상의 변화를 관찰할 수 있습니다.

세상에서 가장 편한 마케팅은
대중이 이미 머릿속에 가지고 있는
느낌을 가져오는 것이다.

일탈의 전형적인 예는 여행 아닐까요. 최근 우리나라에 손님들이 많이 찾아왔습니다. 외국인 관광객들입니다. 2012년에 처음으로 1000만 명이 넘은 이래 2014년에 1400만, 2016년에는 1700만 명이 넘는 관광객이 한국을 찾았다니 대단한 증가세입니다. 그 핵심은 단연 '유커遊客', 즉 중국인 관광객이었습니다. 전체 관광객 중 이들의 비중이 40%를 넘으니 이제 한국에서 중국 사람을 보는 것은 매우 일상적인 일이 되었습니다.[24]

관광산업은 국가적으로 매우 중요한 비즈니스입니다. 경제성장세가 주춤해짐에 따라 돌파구를 마련해야 하는데, 내수를 키우자니 인구가 늘지 않아 불가능하고, 수출을 늘리자니 이미 높아진 원가 때문에 국제적 경쟁력에서 밀립니다. 그런데 관광은 외국인들이 찾아와서 돈을 쓰는 것이니 국가적 고민거리를 해결할 묘수라 아니할 수 없습니다.

다만 문제는 외국인 관광객 수가 주춤하고, 더러는 감소세로 돌아선 국가도 있다는 것입니다. 가장 큰 폭으로 변화한 이들은 중국인 관광객으로, 2016년 800만 명 이상이 한국을 찾았다가 1년 뒤에는 417만여 명으로 급감했습니다. 일본인 관광객도 꾸준히 감소하는 추세여서 2012년 350만에서 2017년에는 230만

명으로 줄었습니다.[25] 그 자리를 동남아시아 관광객이 메우고 있긴 하지만, 과거 외국인들을 유입했던 한국의 매력이 더 이상 통하지 않는 것은 분명해 보입니다.

관광산업을 흥하게 하려면 떠나는 일본인과 중국인을 붙잡고 들어오는 동남아시아인들을 더욱 유인할 만한 한국의 매력 포인트를 찾아내 강조해야 할 것입니다. 예전에는 사물놀이나 김치 등 전통적인 면을 내세웠지만, 지금 한국을 가장 매력적으로 보이게 하는 것은 다름 아닌 '한류'입니다. 최근 관광산업의 흐름 또한 한류의 흐름과 정확히 궤를 같이합니다.

최근 K-Pop과 드라마 그리고 영화 등 다양한 분야의 한국 콘텐츠가 세계적으로 소비되고 있습니다. 이들 콘텐츠가 그저 소비되는 차원을 넘어 팬덤을 형성하면서 '한류'라는 용어가 만들어졌습니다. 이 말을 뒤집어보면, 팬이 있어야 한류일 수 있다는 뜻입니다. 콘텐츠만으로는 부족하죠. 그렇다면 외국인들은 한국 연예인의 어떤 점에 매료돼 팬이 되었을까요?

소셜미디어를 분석해보면 '한류'를 언급하는 세계인들이 공통적으로 꺼내는 단어가 있습니다. 바로 '스타일'입니다. 콘텐츠의 완성도도 중요하지만, 무엇보다 해당 연예인이 '스타일리시stylish하기' 때문에 각광받는다는 뜻입니다. 저로서는 충분히 이해되는 대목입니다. 1980~90년대를 기억하는 이들은 알 겁니다.

홍콩영화가 주름잡던 그 시절, 주윤발의 트렌치코트와 입에 문 성냥개비가 준 신선한 충격을. 그 모습이 멋있어서 무턱대고 따라 했던 것은 그 시절 홍콩의 감각이 우리보다 좀 더 스타일리시해 보였기 때문입니다.

이 점을 주목하면 한류가 K-pop을 중심으로 강력해지는 이유를 이해할 수 있습니다. 처음에는 한국 드라마의 주인공들이 팬덤을 형성했지만, 오늘날 대규모 팬을 확보한 한류스타는 대부분 아이돌입니다. 우리는 왜 아이돌을 가수가 아닌 '아이돌'이라 부를까요? 예전에는 어리고 춤을 잘 추는 대신 노래는 잘 못하는 가수를 아이돌이라 했다지만, 지금 아이돌들은 노래도 잘합니다. 가수와 아이돌의 차이는 이제 가창력이 아니라 스타일의 유무에 있습니다. 노래는 잘하는데 스타일이 없으면 그냥 가수입니다.

비단 아이돌뿐 아니라 한류영화나 한류드라마를 깊이 들여다보면 예외 없이 스타일이 언급됩니다. 한국영화나 드라마의 완성도가 월등하거나 아이돌 그룹의 칼군무가 신기해서라기보다는, 한국의 스타들이 멋져 보이기 때문에 열광한다는 것입니다. BTS 멤버들이 운영하는 트위터 팔로우 수가 1730만 명에 달하는 것도, 그들이 멋있기 때문입니다.

이들 팬은 우상의 일거수일투족을 보고 한국에 와서 그대로 재현합니다. 이들이 오늘날 한국의 관광산업을 이끌어가고 있다고 해도 과언이 아닙니다. 〈런닝맨〉 같은 프로그램은 아시아 전역에 방송되고 있어서, 방송이 나가면 그 지역 팬들이 일제히 〈런닝맨〉에 대해 말하고 그들이 촬영한 장소를 검색합니다.

현대경제연구원은 BTS의 인지도가 1포인트 상승할 때 3개월 후 외국인 관광객 수는 0.45%p 증가하는 효과가 있었다는 보고서를 발표하기도 했습니다.[26] BTS 데뷔 이후 그들 때문에 한국에 온 외국인 관광객 수가 연평균 80만 명에 근접한다고 하니 대단하죠.

그런데 계속 스타일리시하고 멋있기가 쉽지 않습니다. 주윤발의 트렌치코트는 30년 전에나 멋있었지, 지금 보면 촌스럽죠. 그때는 홍콩이 우리보다 더 잘살아서 멋져 보였는데, 이제는 아시아 국가들의 경제수준이 홍콩과 비슷하게 높아지면서 멋있던 홍콩영화는 철지난 유행이 되었습니다. 그들의 패션쯤은 다른 아시아 사람들도 따라할 수 있게 된 것이죠. 누구나 따라 할 수 있는 것은 더 이상 새롭지 않고, 선망의 대상이 되지도 않습니다.

우리의 한류도 주변 문화보다 스타일리시하지 못하게 되는 순간 언제든 사그라질 수 있습니다. 그리고 한류가 빛을 잃는 순간, 한류에 기대고 있는 많은 관광 비즈니스도 한 번에 망가질 수 있습니다. 벌써 우려스러운 현상이 나타나고 있죠. 중국에서는 한류가 아직 굳건히 버텨주고 있지만, 일본에서는 한류의 영향력이 예전 같지 않습니다. 관광객이 줄어드는 데에는 환율이나 정치 관계 등 다양한 이슈가 있겠지만, 한국이 더 이상 새롭지 않다는 분위기가 퍼져 있기 때문입니다. 너무 많이 봐서 익숙해진 겁니다.

익숙해진다는 것은 뭘까요? 생물학적으로 말하면, 나의 감각을 총동원할 필요 없이 이미 연결된 시냅스의 고속도로를 통해 무의식적으로 정보를 처리한다는 것을 의미합니다. 자기 집에서는 한밤중에 자다 깨서 불을 켜지 않고도 어렵지 않게 화장실을 찾아갈 수 있는 것과 같은 이치죠. 그러다 보면 나의 감각이 무뎌지고 더 이상 흥미를 끌 수 없는 상태가 됩니다. 익숙함은 우리에게 루틴함으로 인식되고, 이는 곧 지루하다는 감정으로 이어집니다.

그에 반해 새롭다는 것은 환경에 대한 기득지가 없는 곳에서 살아남기 위해 본능적으로 오감을 깨워야 하는 상태를 말합니다. 사실 이는 불쾌하고 불편한 감정입니다. 익숙해지면 에너지를 적게 쓸 수 있는데, 낯설면 온몸이 긴장하게 되니까요. 외국 여행에서 처음 가는 관광지를 보고 나면 심신이 녹초가 되는 것은 감각기관을 총동원하느라 쓴 에너지가 평상시보다 훨씬 많기 때문입니다. 이때 모든 감각에 힘을 기울여야 하기 때문에 흥분된 상태가 되고, 단순한 뇌는 이것을 '떨림'과 '흥미로움'으로 착각합니다. 흔들다리에서 만난 이성은 더 매력적으로 보인다고 하지 않던가요. 여행의 효용은 그런 것입니다.

그런데 한국은 외국인들에게 익숙해지면서 편안해졌고, 더 이상 찾지 않는 곳이 되어가고 있습니다. 중국 사람들도 조금 있으면 지금처럼 한국을 찾지 않을 것입니다. 이에 대한 대책이 필요합니다. 어떻게 하면 한국의 새로움을 어필할 수 있을까요?

한국을 여전히 사랑하는 외국인들에게서 힌트를 얻어보죠. 한국을 반복해서 찾는 일본인들에게는 특이한 점이 있습니다. 그들은 정형화된 관광지 대신 한국 사람들이 실제로 사는 곳을 다닙니다. 관광지는 볼 만큼 봐서 싫증이 났고, 그보다는 한국 사람들의 삶을 경험해보고 싶은 마음에 대형 마트에 들러서 한국인들처럼 쇼핑을 합니다. 과자나 라면같이 일상적인 물건을 사는 체험을 하는 것이죠.

그렇게 한국인의 일상에 조금씩 들어왔다가 그 생활이 마음에 들면 MBC 〈헬로 이방인〉의 출연진처럼 아예 한국에 눌러 살면서 그들의 시선으로 한국을 바라본 이야기를 들려줍니다. JTBC의 인기 프로그램이었던 〈비정상회담〉은 거기서 한발 더 나아가 아예 외국인들이 소비와 트렌드, 담론을 주도하는 단계까지 발전한 모습을 보여주었습니다. 다시 말해서 관찰자에서 실행자의 입장으로 바뀌고, 한국이라는 장소에 동화되어 한국 사회를 구성하는 일부분이 되어가는 것입니다.

여기에 터줏대감인 한국 사람들이 거꾸로 합세합니다. 동화된 외국인들의 생활을 따라 하는 것이죠. 평범하던 어느 카페에 외국인들이 드나들기 시작하면 그게 입소문이 나면서 한국 사람들도 덩달아 많이 오기 시작합니다. 심지어 한국인들 사이에 '서울여행' 붐이 입니다. 그저 살고 있는 곳이 아니라 관광지로서 서울을 새로 발견하는 것입니다. '이것은 파이프가 아니다Ceci n'est pas une pipe'라는 문구로 더 유명한 르네 마그리트의 작품 〈이미지의 반역La trahison des images〉과 같이, 이미 알고 있던 평이한 대상에 새로이 의미를 부여하는 작업이 지금 우리가 사는 곳에서 이루어지고 있습니다.

이와 관련해 최근 몇 년 새 가장 흥미로웠던 이벤트 중 하나가 '러버덕' 아니었나 싶습니다. 네덜란드의 설치예술가 플로렌타인 호프만Florentijn Hofman의 작품 러버덕이 오는 순간 석촌호수는 더 이상 석촌호수가 아닌 것이 되었습니다. 그 전까지는 동네 주민들만 이따금 찾아오던 오래되고 별볼일 없던 곳에 1톤짜리 고무 오리가 도착하자, 수많은 사람들이 이 장면을 사진에 담기 위해 그야말로 인산인해를 이루었죠.

터무니없이 거대한 고무 오리를 보는 순간, 우리는 저절로 어린아이로 돌아가게 됩니다. 목욕통에서 노란 고무 오리를 갖고 노는 주체는 어린아이들뿐이니까요. 게다가 이처럼 아련한 동심의 추억을 고작 1개월간만 떠올릴 수 있도록 전시기간을 한정함으로써 개인의 추억을 집단적으로 몰려가서 공유할 수 있게끔 만들었습니다. 이러한 한시성은 "가장 아름다운 것은 기쁨을 주는 동시에 슬픔과 불안을 준다"는 헤르만 헤세의 말을 떠올리게 하며 수많은 사람들에게 새로운 감정을 전해주었습니다.

기존의 정주민과 이주민이 함께 살아가고 서로 동화되는 과정에서 한국의 매력은 끊임없이 변화해가고 있습니다. 서울의 난개발 역사를 고스란히 보여주던 이화동에 벽화가 그려지고 외국인들에게 관광명소로 소문나면서 다시 한국인들이 찾게 된 것 또한 같은 맥락입니다. 한국 사람들이 '이것을 보여주겠어' 하고 지정해놓은 것만 둘러보던 한국의 관광이 이제는 일상에서 새로운 가능성을 찾고 있는 겁니다.

이처럼 새로움이라는 의미는 완전히 없던 것을 만드는 것이 아닌, 늘 있던 것에 '낯섦'을 부여함으로써 이루어질 수 있습니다. 이쯤에서 거의 자동적으로 떠오르는 시의 한 구절처럼 말이죠.

"내가 그의 이름을 불러 주었을 때 그는 나에게로 와서 꽃이 되었다."

사물놀이에서 비보이를 거쳐 이제는 지하철 역 안에서 모두 휴대폰을 보는 광경이 한국의 현재이고, 이 현실이 한국으로 관광객을 끌어들이는 유인誘因이 되고 있습니다. 그 이름을 불러주었을 때 비로소 꽃이 된 것처럼, 우리의 일상에 '외국인이 많이 오는 곳'이라는 새로운 의미가 부여된 것입니다.

이것을 기억해야 합니다. 옛날에는 한국적인 것이라 하면 사물놀이부터 떠올리고 외국인에게 전통공연을 보여줬지만, 이제는 일상에서 만날 수 있는 '서울풍 카페'에 가보는 것은 어떨까요. 19세기의 유산이 아니라 오늘의 삶을 보여주는 것입니다.

한국적이라는 것은 변화합니다. 일본 사람들이 오지 않는다고 한탄하지 말고, 변화된 한류가 무엇인지를 재빨리 감지하는 것이 중요합니다. 어떻게 변화하는지는 누구도 모릅니다. 그래서 관찰해야 합니다.

새롭고 흥미롭지 않으면 주목받지 못합니다. 전통에 갇힌 박제된 한국이 아니라, 주체와 객체가 만나 함께 변화하며 만들어가는 한국이야말로 언제나 새롭고 흥미로울 수 있습니다. 주목attention이 경제의 기본요소로 자리 잡은 세상에서 여러분의 비즈니스는 어떠한 새로움을 주고 있는지요?

변화에 맞춰 제안을 바꾼다

갱년기는 성인 여성들에게 '마지막 관문'과도 같은 시기입니다. 언젠가 한 번 겪어야 하지만 잘 이겨낼 수 있을지 두려운 것은 어쩔 수 없다고 하죠. 젊었을 때야 갱년기가 머나먼 미래의 일이지만 나이가 마흔쯤 되면 조금만 열이 나고 짜증이 올라와도 '내가 갱년기인가' 하고 더럭 겁이 나기 시작해, 50대 초반이 되면 갱년기 염려증이 정점에 이릅니다.

염려증이 생기는 것은 어찌 보면 당연한 것 같습니다. 각종 매체에서 그리는 '요즘 중년여성'의 이미지가 얼마나 멋진가요? 예전에는 성격 모나지 않고 아이들만 잘 키우면 66~77사이즈도 넉넉한 인품의 상징으로 그럭저럭 용납됐는데, 이제는 50대에도 절대동안에 탄탄한 몸매를 자랑하는 이들이 TV에 나옵니다. 그런데 현실의 나는 그냥 현실의 중년여성일 뿐입니다. 일상에 허덕이고 걸핏하면 아프고, 사람들은 '아줌마'라 부르고… '꽃누나'와 '아줌마'를 바라보는 시선의 엄청난 괴리는 개인이 감당하기 어려울 만큼 거대하고도 폭력적입니다.

제삼자의 눈에 갱년기는 문제적 상황이자 일종의 '질병'입니다. 그래서 엄마를 안타까워하기도 하지만, 동시에 이해 못할 점도 한두 가지가 아닙니다. 힘든 것은 알겠는데, 그렇다고 시도 때도 없이 화를 내고 울고 우울해하면 가족들도 감당하기 어려워지죠.

그래서 딸들은 엄마에게 백수오 같은 건강보조제를 선물합니다. 엄마가 안됐고 안타까워서이지만, 때로는 사춘기보다 무섭다는 갱년기 엄마의 신경질을 견디다 못해 간절한 염원을 담아 뇌물로 바치는 것이기도 합니다. 이제 그만 좀 하시라고… 이처럼 한국 사회에서 갱년기 치료제는 '선물'이었습니다.

그러던 중 얼마 전부터 제약회사에서 갱년기 치료제가 나오기 시작했습니다. 제약회사 입장에서는 사람들이 인터넷에서 백수오를 사는 대신 병원에서 처방을 받아 자기네 갱년기 치료제를 구입해야 장사가 됩니다. 단, 처방약은 다른 사람이 선물할 수 없으므로 갱년기 치료에 대해 사람들에게 새로운 제안을 해야 합니다. 백수오 파는 회사는 자식에게 갱년기 관련 홍보를 했지만, 제약회사는 당사자에게 직접 해야 하는 것입니다. 자식들이 보약이라도 해드리려고 '혹시 갱년기냐'고 물으면 아니라며 더 화를 내는 엄마들에게 제 발로 병원에 가서 처방을 받으라고 제안해야 하니, 결코 쉬운 일은 아닌 듯합니다.

해결책을 찾으려면 상대방을 이해하고, 나아가 상대방에게서 나타난 변화를 감지해야 한다고 했죠. 혹시 여러분의 아내나 어머니가 갱년기로 스트레스를 받고 있다면 그녀들이 왜 그렇게 힘들어하는지, 그들의 삶을 먼저 이해해야 합니다.

갱년기는 사람들의 머릿속에 '폐경기'와 거의 동일시됩니다. 갱년기 여성이 '여자로서의 삶이 끝났다'는 허무함에 빠지는 이유도 이것이죠. 그런데 이런 아내를 남편은 이해하지 못합니다. 만사가 귀찮아지는데 남편은 눈치 없이 자꾸 밥이나 달라고 하고, 따뜻한 말 한마디는커녕 왜 그러냐고 핀잔만 주니 아내는 새삼 서러워집니다. 애지중지 키운 아들은 바빠서 얼굴 보기도 힘들고, 금지옥엽 같은 딸은 이 험한 세상에 겁도 없이 밤늦도록 들어오지 않아 속을 태웁니다. 이쯤 되면 가족이 아니라 '웬수'입니다.

그러나 더 심각한 것은 신체증상입니다. 갱년기의 대표적인 증상으로 호소하는 것은 '열감'입니다. 그녀들의 표현대로라면 '장작불 지피듯이' 온몸이 뜨거워져서 잠을 못 이루고 새벽까지 거실을 서성이느라 힘이 쏙 빠진 채 겨우 아침준비를 합니다. 낮에도 걸핏하면 얼굴이 화끈거려 사람 만나기가 민망합니다. 그나마 마음을 나눌 사람은 친구밖에 없습니다. 정신없는 아침을 보내고 나서 친구를 만나 수다도 떨고 맛있는 점심도 먹으면 스트레스가 풀리고, 친구가 추천해준 문화강좌를 들으면 활기가 돌아옵니다. 하지만 그것도 잠시, 집에 돌아오면 기력이 쇠해서 낮잠을 자야 하고, 저녁이 되면 늦게 들어오는 가족 대신 TV 드라마와 벗하며 홀로 대충 끼니를 때웁니다.

이것이 소셜미디어에서 관찰되는 갱년기 여성의 일상입니다. 제삼자가 짐작하는 바와 크게 다르지 않은 것 같군요. 그러나 여기에는 입장에 따른 결정적인 차이가 있습니다. 자식이 보기에는 갱년기가 엄마의 '질병'이지만, 당사자들에게는 '삶'이라는 것이죠. 즉 제삼자는 갱년기가 호르몬 문제이고 운동으로 이겨내야 한다고 말하지만, 당사자들은 내 몸이 지금 겪는 증상입니다. 이들에게는 당장 몸에서 열이 나고 잠을 못 자고 화가 나서 일상생활이 불편해지고 힘든 게 중요하기 때문에, 한가하게 호르몬 같은 얘기는 하지도 않습니다. 자식에게 파는 백수오는 호르몬 얘기를 해도 되지만, 당사자에게 갱년기 치료제를 팔면서 호르몬이 어쩌고 줄기차게 말해봐야 화만 돋울 뿐입니다. 그보다는 그들이 현재 겪는 고통에 주목하고, 이것을 완화할 수 있음을 보여주는 것이 더욱 적절해 보입니다.

그렇다면 제약회사가 갱년기 치료제 광고를 찍는다면, 열나고 화나는 중년여성의 모습을 보여주며 이런 증상을 완화해줄 약이 나왔다고 하면 될까요? 감정이입을 유도할 목적이라면 나쁘지 않을 것 같군요. 그러나 여기서 한발 더 나아가보면 어떨까요. 갱년기 여성의 마음속이 고통으로만 가득 차 있는 것은 아니기 때문입니다. 여전히 많은 여성들이 갱년기의 고통을 토로하긴 하지만, 최근 소셜미디어 등에 나타난 그들의 모습에는 눈에 띄는 변화가 있습니다.

제삼자의 눈에는 갱년기 때문에 힘들고 우울해하는 모습만 보이지만, 갱년기 증상을 실제로 겪는 그녀들은 이러한 증상에 굴하지 않고 주체적으로 자신의 삶을 살고자 하는 의지가 있습니다. '내 건강은 내가 챙긴다'는 마인드도 강해지고 있습니다.

이는 그녀들이 쓰는 말에서 '버틴다'는 표현이 줄어드는 데서 단적으로 엿볼 수 있습니다. 2011년만 해도 갱년기를 '버틴다'고 하는 표현이 전체 갱년기 관련 발화의 28%였지만 2014년 중반에는 19%까지 떨어졌습니다. 그 간극을 메우는 표현은 '챙기다'로, 내 몸을 스스로 관리하고자 하는 중년여성이 늘어나고 있음을 의미합니다. 생활 전반이 가족 중심에서 개인 중심으로 변화하면서, 건강 또한 스스로 관리하고자 하는 중년여성이 늘어나고 있는 것으로 해석됩니다. 예전에는 계절 바뀔 때마다 가족들 보양식을 해먹이며 정작 본인의 건강은 가족이 챙겨주기 전까지 나 몰라라 하던 엄마들이 이제는 운동을 하거나 취미생활을 하고, 몸에 좋은 음식과 보조제를 챙기기 시작했습니다.

실제로 소셜미디어에 올라온 글을 보면 '나는 이제 홀가분하다', '내 삶은 내가 챙긴다. 지금의 불편함은 약으로 해결하고 친구들과 즐거운 시간을 보내겠다'는 내용이 보이기 시작합니다.

조금씩 생각이 바뀌고 있는 것입니다.

그녀들의 생각이 이렇게 변화하고 있다면, 그들을 바라보는 사람들의 마인드도 함께 바뀌면 좋지 않을까요. 갱년기만 바라봤을 때는 힘들고 어두운 시기이지만 한 사람의 생애 전체를 보았을 때는 지나가는 한때이고, 앞으로 더 자유롭고 활기찬 자신을 그려볼 수 있는 전환기입니다. 지금 겪는 증상은 힘들고 우울하지만 앞으로 다가올 60대의 삶을 동경하고 자유를 꿈꾸며, 엄마의 역할에서 벗어나 본연의 자신을 되찾고 새로운 출발에 희망을 품기도 합니다. 갱년기의 한자를 보면 '다시 갱更'에 '해 년年'입니다. 월경을 할 때는 여자로 살다가 월경이 끝나면 다시 원래의 자신으로 돌아온다는 뜻은 아닐는지요.

이들에게 갱년기 호르몬제를 팔려는 회사라면 여성, 중년, 가족이라는 틀에 그녀들을 가두지 말고 갱년기의 본래 의미인 '다시 새로워지는 시기'로 관점을 재정립하고, 우울, 슬픔, 상실이 아닌 시작, 활력, 자유의 차원에서 갱년기를 대하도록 캠페인을 하는 것도 가능할 겁니다. 즉 앞으로 펼쳐질 여성의 더 밝은 미래에 초점을 맞추고 '갱년기는 잠깐 지나가는 증상이므로 호르몬제로 가볍게 해결하고 새롭게 시작될 제2의 인생을 즐기자'는 메시지를 주면 좋겠죠. 갱년기의 기조를 우울함이 아니라 희망으로 교체하고, 힘든 엄마를 위로한다는 심각한 기조를 바꾸어

'나는 내 할 일을 다 했어. 이제는 내게도 즐거운 일이 있을 거야'
라는 정도로 가볍게 접근하는 것입니다.

기존과 다른 새로운 메시지를 주는 것은 생각이 전환되어야
가능합니다. 생각의 전환이라 하니 괜히 거창한 과제인 것 같지
만, 관찰을 잘하면 그에 따라 관찰자의 생각은 자연스럽게 바뀌
게 됩니다. 사람들의 마음속이 어떻게 달라지고 있는지를 읽고
자연스럽게 받아들이는 것만으로도, 남들과는 차원이 다른 제
안을 할 수 있습니다.

쿨하지 않은 CEO 대신 그들이 칼을 쓰게 하라

상대방의 마음을 움직이려면 사람들의 생각을 그대로 보고
자신의 생각을 거기에 녹여내야 합니다. 나의 감성이 아니라 이
미 존재하는 상대방의 감성을 가져오면 안전합니다. 결코 자신
의 직관과 경험에 의존하려 해서는 안 됩니다.

그런 점에서 가장 우려스러운 사실은, 기업의 의사결정이 일
반인들의 정서와 유리돼 이루어지는 경우가 적지 않다는 점입
니다.

마케터로서 제가 바라보는 시장의 핵심 타깃은 2049, 젊은

층입니다. 반면 적어도 저 같은 마케터가 그다지 중요시하지 않는 계층이 있습니다. 50대 이상 남성들이죠. 오죽하면 50세 이상을 겨냥한 프로그램에는 광고도 많이 걸리지 않습니다. 이유는 단순합니다. 그들은 아무것도 사지 않거든요. 소비를 하긴 하는데, 아내가 사주거나 점원이 권해주는 대로 삽니다. 마케터는 구매 의사결정을 하는 사람이 중요하기 때문에 여성이나 아이들, 젊은이들의 욕구에 초점을 맞춥니다. 그들이 무엇을 생각하고 원하는지 아는 기업이 성공합니다.

그런데 문제가 있습니다. 기업 구성원들의 밥줄이 걸려 있는 중차대한 의사결정을 CEO가 한다는 것입니다. 그리고 CEO들 중 상당수는 하필이면 시장의 욕구와 괴리된 그들, 50대 이상 남성입니다.

물론 요즘은 세련된 임원들도 많고 CEO들도 젊은이들과 소통하려고 많은 노력을 합니다. 경영진이 젊은 감각을 유지하지 않으면 기업이 위태로워진다는 것을 알기 때문이겠죠. 하지만 그것이 웬만한 노력으로는 채워지기 쉽지 않습니다.

앞에서 우리는 상상의 맹점에 대해 살펴보았습니다. 첫 번째 메시지는, 내가 아는 내용이 전체와 같지 않을 수 있음을 알아야 한다는 것입니다. 두 번째 유념할 사실은, 날이 갈수록 나이든 사람들이 파워를 잃는다는 것입니다. 세 번째는, 특히 추상적인 특성은 설명할 수 없다는 것입니다. 눈에 보이는 스마트폰의 외양은 설명할 수 있습니다. 검은색, 5인치 화면, 두께 얼마 하는 식으로요. 그러나 그 모든 가시적이고 측정 가능한 특성이 덧붙여져도 '쿨한' 아이폰의 매력을 설명하기에는 역부족입니다.

쿨하다는 것은 도대체 뭘까요? 쿨하다는 표현은 한국 사회에서 대체로 좋은 뜻으로 쓰입니다. 세세한 것에 연연하지 않고 대범한 (척하는) 게 쿨한 거죠. 헤어진 여자친구에게 술 취해서 전화하는 것은 쿨하지 않은 행위입니다.

그렇다면 일상에서는 어떤 게 쿨한 것일까요? 제가 찾은 소셜 네트워크 상의 이미지에는 예컨대 이런 것들이 있었습니다. 액정이 깨진 아이폰. 유리 액정이 사정없이 깨져서 화면에 거미줄이 쳐졌는데도 그냥 씁니다. 징징대거나 짜증내지 않고 그걸 찍어서 아무렇지도 않다는 듯이 페이스북에 올립니다. 왜? 난 쿨하니까요. 실제로 일전에 회사에 들어온 인턴사원들 6명 가운데 3명이 휴대폰 화면이 깨졌는데 고치지 않고 그냥 쓰더군요. 형편이 어려워서 그러는 것이 아닙니다. 그러한 무심함이 쿨해 보이기 때문입니다.

쿨한 것 외에도 시크한 것, 아방가르드한 것, 에스닉한 것, 유러피언 스타일… 이런 것들을 어떻게 설명할 수 있을까요. 그냥 느끼는 것이지 설명할 수도 없고, 설명해도 똑같이 이해하지 못합니다. 사람마다 생각이 다 다르기 때문에, 추상화된 것을 전달하는 것은 언어로 아무리 잘 표현해도 한계가 있죠. 그런데 말로 전할 수 없는 이런 감성을 척 보고 이해하지 못하면 시쳇말로 '꼰대'가 됩니다.

쿨하지 못하다는 이유로 '꼰대'라 매도되면 듣는 입장에서 불쾌하고 억울할 수 있지만, 그 정도에서 그친다면 그나마 다행입니다. 쿨하지 못하다는 것은 단순히 기분 나쁘고 말 문제가 아니거든요.

왜 그런지 한번 볼까요.

2018년 현재 삼성 휴대폰의 평균 판매단가는 250달러입니다. 애플의 아이폰은 750달러이고요. 차이가 엄청나죠. 물론 언론에 나오듯이 아이폰 판매 대수는 줄고 있지만, 시장의 영향력은 여전하고 산업 전체의 이익도 대부분 가져가고 있습니다. 스마트폰 산업이 기술적으로 평준화됨에 따라 애플이 프리미엄 전략을 더욱 강화한 결과입니다. 그럼에도 팔리는 이유는, 아이폰이 쿨해서입니다. 스펙이 충분히 훌륭한 제품들과 경쟁하면서 훨씬 비싸게 팔 수 있는 것은 애플이 쿨하기 때문입니다.

어떤가요. 쿨한 것은 이렇게 중요합니다. 환금換金 가치가 있는 속성이니까요. 쿨하면 비싸게 팔 수 있습니다. 메르세데스 벤츠나 샤넬은 쿨합니다. 쿨하다는 것은 단순히 예쁜 게 아니라 멋진 것이고, 결정적으로 비싼 것입니다. 그런데 CEO가 쿨하지 않다면, 그것은 회사의 재앙입니다.

흔히 사람들은 기업이 디자인이나 인터페이스 등은 상대적으로 덜 중요하게 생각한다 여길지 모르지만, 천만의 말씀입니다. 오늘날 잘나가는 기업들은 거기에 돈을 씁니다. 앞서 예로 든 스메그가 대표적이죠. 그러니 잘나가고 싶다면 소비자를 매료시키는 '쿨한 감성'을 자극할 수 있어야 합니다.

더욱이 우리는 이미 가격을 무기로 삼을 수 없는 위치가 되었습니다. 중국이 버티고 있는데 어떻게 그들보다 싸게 만들겠습니까. 아이폰을 생산하는 팍스콘의 직원은 130만 명입니다. 졸저 《여기에 당신의 욕망이 보인다》가 대만에 번역 출간되었는데, 팍스콘 회장이 그 책을 읽고 저를 초청해주어서 임원진을 대상으로 강의를 한 적이 있습니다. 그때 가서 절실히 느낀 점은, 이제 중국 기업과는 단순한 전략으로 싸울 수 없다는 사실이었습니다. 이들의 기술력이 괄목할 만큼 성장한 데다 임금은 여전히 저렴합니다. 팍스콘의 중국 공장보다 우리가 더 저렴하게 만들 방법이 과연 있을까요?

이제 한국 기업들은 길이 하나밖에 없습니다. 쿨해지거나 그만하거나. 그런데 한국의 상당수 기업은 제왕적 CEO가 모든 결정을 내립니다. 제품개발부터 마케팅전략, 디자인, 포장, 심지어

로고까지 일일이 다 정하죠. 특히 오너 경영자들은 설립자 특유의 카리스마까지 겸비하고 있기 때문에 직원들 누구도 감히 오너의 의견에 반박하지 못합니다. 그런데 그런 분의 감각이 쿨하지 않으니 기업 활동이 쿨할 수가 없습니다.

그래서 저는 기업에 갈 때마다 오너 경영자들에게 말합니다. 모르는 것은 하지 마시라고. 쿨한 게 뭔지 모르면서 쿨하게 굴지 말라는 것입니다.

물론 해법이 없는 것은 아닙니다. 자신이 생각하는 쿨함을 대입하지 말고 대중의 쿨함을 차용하면 됩니다. 섣불리 상상하지 말고 빌려오는 것이죠. 특히 누구에게서? 젊은 사람들에게서요. 언제나 젊은 사람이 그다음 세상의 주인이기 때문에, 그들이 욕망하고 감각하는 것을 끌어오면 비즈니스는 훨씬 쉬워질 수 있습니다.

현업 활동 외에 몇 년간 대학에서 학생들을 가르친 적이 있습니다. 고학년 수업의 종강시간에는 사회 진출을 준비하는 친구들로부터 질문을 받곤 했습니다. 주로 어떻게 준비해야 취업이 가능할까 정도의 실용적인(?) 질문이 주를 이루었지만 이따금 깜짝 놀랄 만한 대화가 오가기도 했는데, 그중에서도 기억에 남는 질문이 있었습니다.

"어떻게 해야 칼을 감출 수 있나요?"

칼을 감추다니, 이건 무슨 의미일까요?

우리 사회도 산업화가 고도화됨에 따라 이제는 시스템 속에서 자신의 직분을 빈틈없이 수행해 나가는 개미형 인재에서 창의성이 필수적으로 요구되는 이른바 '잡스'형으로 직장인의 롤모델이 바뀌었습니다. 소위 '한 칼' 하는 사람이 필요하다는 것이죠.

하지만 개성을 키우라고 20여 년간 교육받은 친구들은, 막상 입사 면접을 위해서는 똑같이 무채색 정장을 입고 순응적으로 모범답안을 외워야 합니다. 야근에 대해 어떻게 생각하는지, 커피 심부름은 할 것인지처럼 '시험에 들게 하는' 질문이라도 나올라치면 멸사봉공의 자세를 눈빛에서부터 보여줘야 야근과 철야로 개발시대를 보낸 부장님들의 의심어린 눈초리로부터 자유로워질 수 있습니다. 눈치 없이 연봉 같은 기본적인 조건을 감히 물어보면 면접관의 표정과 몸짓에서 불쾌한 기색이 묻어납니다. 버릇없다고 생각하는 거죠.

실제로 많은 젊은이들이 소셜 네트워크에서 '개성'은 빛나고 인정해야 하지만 회사와 결합했을 때에는 지친다고, 쉽게 사라져버린다고 말하고 있습니다. 어느 회사든 창의력을 가지라고 윽박지르는 직장 상사와, 그 분위기에 눌려 한마디도 못하는 아랫사람을 보는 일이 드물지 않습니다. 정작 후배들이 창의성을 발휘하려 하면 되바라지다고 분개할 거면서 말이죠. 그렇게 과묵하던 직원이 상사가 없는 곳에서 논리정연하고 활달하게 자신의 생각을 설명하는 것을 보면 반전 영화의 고전 〈유주얼 서스펙트〉의 카이저 소제를 보는 듯합니다. 그래서인지 어렵게 들어간 회사를 1년도 안 돼 그만두고 싶다는 신입사원이 10명 중 9명에 이른다고 하죠. '한 칼'을 만드는 동시에 그 칼을 감춰야 하는 이중고에 신음한 결과입니다.

이들에게 제가 줄 수 있는 조언은 하나밖에 없었습니다. '칼을 감출 필요가 없는 곳으로 가라.'

애써 만든 칼을 거리낌 없이 쓸 수 있는 곳에서만 검객은 최고가 될 수 있습니다. 최고가 되려는 기업이라면 그들이 칼을 휘두를 수 있는 여지를 마련해줘야 합니다. 젊은 소비자들에게 어필한다면서 CEO의 섣부른 쿨함을 뽐내지 말고요. 소비하지 않는 중년남성들은 자본주의 사회에서 한정치산자 취급을 면할 수 없다고 하지 않았습니까. 내가 젊은 사람들의 계층에 들어가지 못하면, 그들과 같은 생각을 할 수 있도록 생각을 빌려오기라도 해야 합니다. 기성세대에게는 무섭고도 서글픈 사실이죠. 제게도 그런 날이 오고 있군요. 무서워 죽겠습니다.

"

과거의 삶이 아니라
현재의 삶을 보라.
나의 선입견을 버리고
사람들의 감성을 가져오라.

"

4장

통찰 :

___

보고도
모르는 것을 보라

"보고도 모르는 것을 曝露^{폭로}식혀라! 그것은 發明^{발명}보다도 發見^{발견}! 거긔에도 努力^{노력}은 必要^{필요}하다."

경성고등공업학교 졸업사진첩에 수록된 시인 이상의 자필 문구입니다. 고등학교 졸업할 때 저런 글을 쓰다니, 과연 천재시인이라는 감탄이 절로 나옵니다.

세상에는 보고도 모르는 것이 있습니다. 똑같은 세상을 살면서도 누군가는 예민하게 촉수를 뻗어 미래에 대한 단서를 얻어 사업거리로 바꿔냅니다. 그러다 대박을 치면 대부분의 사람들은 뒤늦게 '나도 저 생각했는데'라며 아쉬워합니다. 왜 누구의 눈에는 보이는 것이 누구의 눈에는 보이지 않을까요? 볼 수 있는 그들에게는 어떤 능력이 있는 것일까요?

엉뚱한 곳에서 터진다

한국 사람들이 요즘 열심히 먹습니다. '배고프다'는 말도 입에 달고 삽니다.

왜 그럴까요? 우리가 꼽는 배고픈 이유는 두 가지입니다. 하나는 '뇌가 비어서'입니다. 뇌가 비면 실제로 허기를 느낍니다. 다른 하나는 '먹으면 안 되기' 때문입니다. 그래서 더 먹고 싶어집니다. 다들 그렇지 않나요, 하지 말라고 하면 더 하고 싶은 심리 말입니다.

오늘날에는 남녀노소 모두 외양을 신경 써야 합니다. 마르고 건강한 사람들이 연봉도 더 높은, 외모가 자산인 세상이니까요. 우리는 누구나 날씬해지기를 사회적으로 요구받습니다. 어떻게 확인할 수 있는가 하면, 뉴욕이나 런던 같은 대도시 사람들이 상대적으로 날씬한 반면 소득이 낮은 지역은 더 뚱뚱합니다. 겉모습만 척 보고도 그 사람의 자산과 사회적 지위를 짐작할 수 있으니 어떻게 관리하지 않겠습니까.

그래서 많이 먹으면 안 되는데 그럴수록 더 먹고 싶어집니다. 다이어트 열풍이 불고 있지만 동시에 폭식, 먹방 열풍도 만만치 않습니다.

게다가 몇 년 전까지만 해도 '나 다이어트하느라 못 먹어'라고 말하면 양해가 되었는데, 지금은 먹는 행위 자체가 사회적 활동이자 사교의 중요한 축이 되었습니다. 못 먹으면 못 어울리는 세상이랄까요. 한때는 음식점 고를 때 분위기를 따졌는데, 이제는 분위기는 기본이고 다시 맛이 중요한 요인이 되었습니다. 술자리에 가서 술 마시는 게 즐거움인 것처럼, 먹는 것 자체가 유희가 되었기에 '나 못 먹어'라는 말을 하기가 어려워졌습니다.

먹는 행위도 거창해졌습니다. 배고프면 가까운 식당에 가서 적당히 먹는 게 아니라, 맛집에 가서 '폭풍 흡입'을 합니다. 밤 10시에 습관적으로 음식 사진을 올리며 '먹어볼래?' 하고 약 올리는 사람들도 종종 있죠. '빵투어', '피맥' 등 죽도록 먹겠다는 의지를 드러내는 단어들도 많이 생겨나고 있습니다. '빵투어'를 하러 '지하철 빵지도'에 지역의 유명 빵집을 표시해두고 하루에 다 돕니다. 맛집이 즐비한 이태원 경리단길에 가서 고칼로리 피자에 맥주를 마십니다.

그 결과, 배가 아프고 속이 쓰립니다. 하루 종일 빵집을 돌고 배부른 피자에 배부른 맥주를 마시니 당연한 귀결이죠. 급기야 한국인의 건강 관련 단어에서 부동의 1위였던 '스트레스'보다 '과식'과 '공복'이 더 많이 언급되기 시작했습니다. 각기 다른 사람이 과식하거나 공복인 상태가 아니라, 한 사람이 과식과 공복을 급격히 오가고 있는 것입니다. 전날 죽도록 먹고 후회하고,

자숙의 의미로 아침 점심을 굶다시피 한 다음, 오후 들어 속이 좀 괜찮아진다 싶으면 그날 저녁에 또 '배가 찢어지도록' 먹습니다. 그래서 당연히 배가 아픕니다. 밀가루 음식을 많이 먹으니 속에 가스도 찹니다.

자, 이것이 최근 몇 년 사이에 부상한 '먹부림' 관련 현상입니다. 사람들이 먹는 현상을 관찰했더니 이런 원인과 흐름이 보였습니다. 여러분의 비즈니스는 여기에서 어떤 힌트를 얻을 수 있을까요?

우선 눈에 띄는 사실은 일반적인 프랜차이즈 제과점이나 체인형 외식업체들은 힘들어진다는 점입니다. 사람들이 동네 골목마다 들어선 유명 제과점을 놔두고 왜 지하철을 타고 로컬 빵집을 갈까요? 독특함 없이 표준화된 경험은 더 이상 하고 싶지 않기 때문입니다. 친구가 국내 여행을 간다고 하면 인근 도시의 유명 빵을 꼭 사오라고 신신당부하는 이유도, 그곳에서만 맛볼 수 있는 음식을 경험하기 위해서입니다.

프랜차이즈에게 '그곳에서만 맛볼 수 있다'는 기대는 그 자체로 형용모순이죠. 프랜차이즈의 생명은 표준화이고, 표준화되어야 관리가 가능하기 때문입니다. 하지만 개성을 강조하는 시대인 만큼 품질의 표준화가 불가피하다면 매장 수를 조정해서라도 희소성을 유지해야 합니다. 그것도 어려우면 매장마다 차별화를 꾀하기라도 해야 하죠. 스타벅스가 경주 보문단지에 드라이브스루를 낸 이유가 이것입니다. 경주 인구가 얼마나 많아서 드라이브스루를 시행하겠습니까. 하지만 경주에 가는 사람들은 드라이브스루를 한번 해보려고 관광코스처럼 그 스타벅스에 갑니다.

이제는 표준화할 수 없는 것들이 뜰 것입니다. 빵을 구워서 그것 하나만으로 일가 ※를 이루면 먹고 살 수 있게 된 거죠. 단, 분점 욕심은 내지 말아야 합니다. 분점을 내는 순간 경험이 표준화되기 때문에 희소성이 떨어집니다. 압구정동이나 신사동에서 대성공을 거둔 몇몇 맛집들이 백화점에 분점을 내기도 하는데, 제가 볼 때 좋은 전략은 아닌 것 같습니다.

만약 여러분이 요식업계에 종사하지 않는다면 '먹부림'에 별다른 흥미를 느끼지 못할지도 모릅니다. 하지만 세상만사는 모두 연결돼 있으므로 어떤 사회현상에서도 기회는 찾을 수 있습니다. 예컨대 여러분이 제약회사에 다니고 있다면 사람들의 복통에 주목하겠죠. 지금까지는 위장약을 아저씨에게 팔았습니다. 예전에는 위와 관련된 고통이 전날 과음한 아저씨의 속쓰림이었기 때문입니다. 하지만 지금은 회식에서도 과음하는 사람이 많지 않습니다. 오히려 홀수날에 폭식하고 짝수날에 거식하기를 반복하는 젊은 층의 위장이 더 문제입니다. 그렇다면 같은 위장약을 팔더라도 마케팅 메시지를 다르게 할 수 있지 않을까요. 술 마시는 40대 아저씨를 대상으로 하는 게 아니라, 스트레스를 먹는 것으로 푸는 20대 여성에게 팔 수도 있지 않겠는가 하는 말입니다.

같은 현상을 보더라도 어떤 힌트를 얻는지는 관찰하는 사람에 따라 다릅니다. 더욱이 인간의 내면에는 하나의 자아가 아니라 N개의 자아가 있습니다. 어느 남성은 남편이자 아이 아빠이고, 회사의 직원이며 누군가의 친구이기도 합니다. 또 다른 남성, 또 다른 여성은 그들만의 또 다른 자아들을 가지고 있겠죠. 따라서 한 명을 한 가지로 분류할 것이 아니라, 각각의 상황마다 다르게 분류해야 하죠. 그 N개의 자아를 건드릴 때 사람들의 욕망을 정확히 끌어낼 수 있습니다.

그렇다면 N개의 자아는 무엇으로 움직일까요? 맥락context입니다. 맥락은 주체와 객체와 환경의 합입니다. 맥락을 알 수 있으면 현상에 대한 해석이 가능하고, 유의미한 통찰을 얻을 수 있습니다. 그러니 맥락을 이해해야 합니다.

예를 들어보죠. 델보Delvaux라는 가방을 아시는지요? 벨기에산 핸드백 브랜드로, 개당 수백만 원을 호가합니다. 우리나라에서 이 백의 평균 매출이 한 달에 7000만 원이었는데 2014년 들어

4억 원으로 급격히 뛰었습니다. 이유는 당시 방영된 드라마 〈별에서 온 그대〉 때문이었습니다. 드라마에 PPL을 붙여서 여주인공이 들고 나오자 초대박이 난 것이죠. 오죽하면 벨기에 본사에서 한국에 무슨 일이 있냐고 문의가 올 정도였다고 합니다. 심지어 한국만의 현상도 아닙니다. 드라마를 본 중국 사람들도 면세점에 가서 '천송이 백'을 달라고 했다더군요. 엉뚱하게도 아시아의 드라마 한 편이 이 비싼 백의 매출을 끌어올린 것입니다.

이처럼 대박은 엉뚱한 곳에서 터지기 일쑤입니다. 디자인이 훌륭하거나 유통전략이 좋은 것은 필요조건은 될 수 있지만, 이것만으로 티핑 포인트를 만들지는 못합니다. 오히려 유명인이 한 번 입고 나오는 것으로 게임이 끝나기도 합니다. 이것이 한류의 진정한 힘인지도 모릅니다. 단순히 콘텐츠를 소비하거나 관광객을 유치하는 수준을 넘어 한국의 (때로는 해외의) 온갖 산업이 한류를 촉매로 움직이니 말이죠.

이러한 파괴력을 아는 사람은 어떻게든 한류 콘텐츠에 PPL을 걸 테죠. 반면 이런 사정을 모르면 한류를 활용하기는커녕 자신의 비즈니스에 무슨 일이 일어났는지 파악하기도 쉽지 않습니다. 마치 한국 청소년들의 동조의식이 빚어낸 노스페이스 열풍을 한국 지형의 70%가 산이어서 그렇다고 이해한 것처럼요.

"보고도 모르는 것을 曝露^{폭로}식혀라!
그것은 發明^{발명}보다도 發見^{발견}!
거기에도 努力^{노력}은 必要^{필요}하다."

-시인 이상

제가 하는 일은 데이터로 사람을 이해하는 것입니다. 데이터는 수단일 뿐, 제가 알고 싶은 것은 어디까지나 인간의 마음입니다. 인간의 마음을 알고 싶어서 온갖 것을 다 보는데, 지금까지는 데이터가 가장 풍부하고 유용한 수단이기에 데이터에 집중하고 있는 것이죠. 이틀마다 생겨나는 데이터의 양이 5엑사바이트, 0이 18번 붙는 규모입니다. 하루에 생성되는 한국어 트윗이 500만 건에 이르며, 점점 늘어날 겁니다. 이 많은 것들을 관찰하고 분석합니다. 그 결과를 가지고 경영관리, 프로세스 관리, 품질관리, 재고관리, 브랜드 관리, 인사관리 등 기업의 전 영역에 활용할 수 있습니다.

예컨대 구글은 직원들의 식습관 데이터를 분석해 건강관리를 한다고 하죠. 구내식당에 비치한 초콜릿 용기와의 거리 등을 분석해 직원들의 간식 섭취 패턴을 파악한 다음, 초콜릿을 불투명한 용기에 담아 보이지 않게 하고 건강스낵은 투명 용기에 담았습니다. 냉장고에서 탄산음료는 아래쪽에 두고 눈높이 위치에는 생수를 비치해 집기 쉽게 했고요. 이런 사소한 조치만으로 직원들의 생수 소비가 47%나 증가했고, 설탕이 첨가된 음료의 소비는 7% 감소했다고 합니다. 결과적으로 구글의 뉴욕 사무실 직

원들은 7주간 총 310만 칼로리나 섭취를 줄였다고 하죠.[27]

인사관리가 정교해지면 단순한 건강관리 정도를 넘어 기업의 비용을 획기적으로 줄일 수 있습니다. 미국의 한 기업이 진행한 흥미로운 프로젝트가 있습니다. 바로 '1년 이내에 그만둘 직원 찾기'인데요. 이들이야말로 인사부서에서 가장 골머리 앓는 존재들이죠. 고용하는 데 돈 들고, 직무교육을 하는 데 또 1년이라는 시간과 비용이 들어갑니다. 그렇게 투자해서 이제 좀 일할 만하면 그만두곤 하니, 기업으로서는 드러난 손실도 크지만 기회비용도 만만치 않습니다. 다른 사람을 뽑았으면 지금쯤 일 잘하고 있을 텐데 엉뚱한 사람을 뽑아서 헛고생한 것이니까요. 소속 부서나 동기들의 사기 문제는 또 어떻습니까. 남은 동기들로서는 '걔도 나가고 쟤도 나가는 걸 보니 우리 회사에 문제가 있나 봐' 하는 생각을 하겠죠.

사정이 이러하니 기업은 빨리 그만둘 사람을 가려내고 싶어 합니다. 입사한 다음에는 이미 늦으니 면접 때 몇 가지 질문으로 알아차려야 합니다. 그래서 기업들의 내부 데이터를 분석해 빨리 그만둔 직원들의 패턴을 파악해보니 다음과 같은 결론이 나왔다고 합니다.

첫째, 멀리 사는 사람입니다. 입사할 때 "집이 먼데 다닐 수 있나요?"라고 면접관이 물으면 열이면 열 모두 "네, 저는 얼리버드

early bird입니다"라고 대답하지만, 현실은 그게 아니라는 겁니다. 왜냐, 한국의 신입사원들은 일찍 퇴근할 수가 없거든요. 부장님 과장님 대리님 다 퇴근한 다음에 그들이 내준 과제까지 마무리하고 나면 오밤중인데, 신입사원이라고 출근은 또 일찍 해야 합니다. 주 52시간제가 전 사업장으로 확장되면 이런 고통은 줄어들겠지만, 그래도 신입시절은 힘든데 출퇴근에 4시간을 쓰고 나면 잠을 못 자니 체력이 달려서 오래 못 다닙니다. 둘째, 집은 멀지 않아도 통근수단이 애매하면 빨리 그만둔다고 합니다. 버스를 3번 갈아타야 하면 관둔다는 것이죠. 셋째, 조직 내에서 따돌림을 당하거나, 반대로 5개 이상의 소셜 네트워크에 가입한 사람은 위험하다는군요. 넷째, 질문이 많은 직원들은 빨리 그만두는 경향이 있다고 합니다. 다섯째, 지나치게 감성적인 사람들은 충동적으로 그만둘 확률이 높습니다.

이 내용을 보면서 어떤 생각이 드는지요? 마음이 불편하지 않습니까? 마치 영화 〈마이너리티 리포트〉에서 '넌 살인을 저지를 거야'라고 예언하는 것 같습니다. 인사관리 부서는 이런 사람들을 아예 뽑지 않으려 합니다. 그런데 여기에는 윤리적인 문제가 있습니다. 예외적인 경우가 있거든요. 집이 멀어도 열심히 다닐 수 있었던 사람들까지 처음부터 배제돼 버리니까요.

여러분이 인사담당자라면 어떻게 하겠습니까? 이런 후보자는 아예 뽑지 않겠습니까? 다른 방법을 찾아볼 수는 없을까요?

실제로 재미있는 점은, 이런 데이터를 인사과가 아니라 오너 경영자에게 보여주면 그는 기숙사를 짓거나 통근버스를 준비하게 한다는 것입니다. 한마디로 의사결정의 레벨이 다릅니다. 왜냐, 자기네 회사 근처에 사는 사람들만 대상으로 하면 좋은 직원이 몇 명 안 모입니다. 이들만 뽑으면 그 회사는 망합니다. 그러니 인재를 얻기 위해 좀 더 큰 지원을 생각하게 되는 것입니다. 그들의 고충을 해결해주면 쉽게 그만두지 않을 테니 말이죠.

같은 결과를 두고도 판단은 이렇게 달라질 수 있습니다. 데이터는 힌트만 줄 뿐 답을 주는 게 아닙니다. 데이터를 기반으로 통찰은 인간이 만드는 것입니다. 선택은 사람의 몫입니다.

물성이 아니라 의미를 보라

때로는 기업의 생각이 실제 소비자의 행동과 동떨어질 때도 있습니다. 아니, 실은 상당히 많습니다.

한 번은 모바일로 TV 보는 상황을 분석하기 위해 수집한 수십만 건의 자료를 보던 중 다음과 같은 문장이 눈에 띄었습니다.

"기말고사 기간이 다가온다. 자취방에 TV가 없어서 TV 앱을 찾다가 ○○을 발견했다. 드라마가 공짜다!"

기말고사를 앞둔 대학생이군요. 시험공부는 하기 싫고 드라마를 보고 싶은데 자취방에 TV가 없습니다. 그래서 이런저런 앱을 뒤지는 장면입니다.

몇 년 전만 해도 '모바일'은 움직이며 사용하는 것이었습니다. 즉 어디를 가든 마음대로 볼 수 있다는 특성이 소비자에게 어필했는데, 이제는 집에서 모바일을 사용하는 경우가 더 많아졌습니다. '모바일'이나 '스마트폰' 관련 검색에도 야외보다 더 많이 언급되는 장소가 '침대'입니다. 몇몇 소셜 네트워크에서만 그렇게 나타나는 게 아니라 전체 소셜미디어 분석 결과나 통신사의 분석 결과도 일치합니다.

왜 그럴까요? 밖에서 보라고 만든 것인데, 왜 집에서 볼까요?

여기에서는 해석을 확장할 필요가 있습니다. '내가 가는 곳에 따라다니는 모바일'을 비단 집 밖뿐 아니라 집 안에서도 그러는 것으로 이해해야 하는 것이죠. 내 방으로 갖고 들어올 수 있고 화장실에도 갖고 갈 수 있으니, 부모와 같이 TV 보기 싫으면 방으로 와서 혼자 보는 것입니다. 즉 집에 TV가 없을 때, 혹은 TV가 있지만 해당 채널을 볼 수 없는 상황일 때 온라인으로 볼 수 있는 소스를 찾습니다. 또는 드라마를 1회부터 한꺼번에 보면서 중간중간 건너뛰거나, 이와 반대로 열광하는 콘텐츠를 반복해서 볼 때도 모바일로 봅니다. 물론 본방사수해야 하는 프로그램이 있는데 집 밖에 있게 될 때도 TV 앱을 켭니다.

이처럼 서비스를 이용하는 상황은 다양하지만 시작은 같습니다. 즉 '보고 싶은 콘텐츠가 있을 때' 모바일 TV를 이용한다는 것이죠.

그러나 서비스 업체에서는 이 전제조건을 떠올리기가 의외로 쉽지 않습니다. 기업의 궁극적 고민은 소비자들이 경쟁사 말고 우리 회사를 선택하게 하는 데 있기 때문에, 고민을 시작할 때에도 소비자가 어느 회사 서비스를 이용할지 먼저 선택하는 상황을 암암리에 가정합니다. 그래서 경쟁사보다 나은 기술, 더 나은 서비스를 고민합니다. 하지만 소비자는 서비스를 찾아 들어오는 게 아니라 콘텐츠를 찾아 들어옵니다. 단적으로 말해 TV 앱을 먼저 검색하는 것이 아니라, 프로그램 이름으로 검색해서 그것을 볼 수 있는 서비스를 찾아 들어오는 것이죠. 정말 보고 싶은 콘텐츠를 제공한다면 유료 앱도 마다하지 않습니다.

제품에서 출발하는 기업의 가설과 욕망에서 출발하는 사람의 행동 사이에 격차가 크면 전혀 다른 결과물이 해법으로 나올 수밖에 없습니다. 기업은 사람들이 먼저 자기네 앱을 깔고 나서 콘텐츠를 검색하리라 가정하지만, 정작 고객은 앱은 관심 밖이고 콘텐츠를 볼 수 있는지 여부가 중요한 것처럼요. 이럴 경우 서비스 업체는 앱을 잘 만드는 것 못지않게, 방송 콘텐츠를 검색했을 때 자기네 서비스로 바로 들어올 수 있도록 편리하게 구성하는 데에도 신경 써야 합니다. 소비자의 니즈가 없는 것이 아니므로, 빠른 시간 안에 편하게 볼 수 있도록 장애물을 없애주는 방안을 강구해야 한다는 것이죠. 이를테면 방송 콘텐츠를 검색했을 때 자기네 서비스로 바로 들어올 수 있도록 하고, 회원가입 및 로그인 단계를 간소화할 수도 있습니다. 유튜브는 로그인 없이도 영상을 바로 볼 수 있지 않은가요. 심지어 월정액을 내면 광고 없이 바로 볼 수도 있습니다. 그런가 하면 인터넷방송인 아프리카TV는 로그인을 하면 채팅을 하고 댓글을 달 수 있습니다. 이처럼 한쪽에서는 로그인이 장벽이 아니라 혜택으로 인식되는데, 여러분의 앱은 몇 단계의 인증을 거치고 종종 튕기기까지 한다면 소비자가 어디를 선택하겠습니까.

현상을 보는 것을 넘어 욕망을 통찰하는 게 실제로 우리의 업무와 어떤 관련이 있는지 좀 더 살펴보죠. 여기 리모컨 제조회사가 있습니다. 어느 집에나 비슷하게 생긴 리모컨이 한두 개씩 있죠. 서로 다른 브랜드 제품도 자판 배열이나 디자인은 다 비슷합니다.

리모컨과 가장 많이 연관되어 등장하는 단어는 두 개, '아빠'와 '찾다'입니다. 대체로 리모컨은 항상 없어집니다. 리모컨은 곧

채널주도권을 의미하므로, 한번 손에 쥐면 결코 빼앗겨서는 안 됩니다. 그래서 화장실 갈 때도 들고 가고 밥 먹을 때도 가져갑니다. 그러다 다 먹고 반찬통을 치우면서 리모컨도 함께 냉장고에 넣어버립니다. 이렇듯 다양한 경로로 사라진 리모컨을 어떻게 찾아야 할까요?

어떤 회사는 리모컨 찾는 휘슬을 팔고자 했습니다. 휘슬을 불면 리모컨에서 빛과 함께 소리가 나는 원리입니다. 그런데 휘슬은 잃어버리지 않는다는 보장이 있을까요? 리모컨 찾는 휘슬을 찾는 휘슬을 또 만들어야 할까요? 소비자의 고충을 헤아린 점은 훌륭하지만 궁극의 대안은 아닌 듯하군요.

소비자를 사랑하는 기업은 가끔(종종?) 이런 실수를 저지릅니다. 예전에 어느 스마트TV 광고에서는 훤칠한 원빈이 〈아저씨〉의 총격신을 연상시키는 자세로 리모컨 버튼을 눌렀습니다. 마치 우리가 TV를 보다가 그렇게 리모컨을 다뤄주길 바라는 듯하지만, 우리는 원빈이 아닙니다. 주요 사용자인 아저씨들은 대충 드러누워서 TV를 보고, 리모컨이 안 보이면 이불을 뒤집어서 털어 찾아냅니다.

왜 제조업체의 희망과 우리의 실제 삶에 이런 간극이 있을까요?

여기에는 인지과학이 숨어 있습니다. 리모컨에 붙은 버튼은 수십 개이지만 우리가 주로 쓰는 것은 전원과 볼륨, 채널 조절

3개뿐입니다. 나머지 버튼은 뭔지 전혀 모르지만 이 3개 버튼은 눈으로 보지 않고도 조작할 수 있죠. 그러다 출장을 가서 외국 호텔의 리모컨을 사용하면 위치가 헷갈려서 볼륨을 키우려다 채널을 내리곤 하고요. 익숙지 않은 리모컨인데도 평소 습관대로 눈은 TV 화면에 고정한 채 손으로만 조작하려다 실수하는 것이죠. 휴대폰을 사용할 때는 눈으로 화면을 보면서 손으로 그 화면을 터치하기 때문에 오류가 생기지 않는데, 리모컨은 그렇지 않아서 생기는 일입니다. 그래서 리모컨에는 반드시 요철이 있어야 합니다. 그래야 눈으로 버튼을 찾지 않고도 손의 감촉만으로 조작할 수 있으니까요.

그런데 사용자의 이런 사정을 모르는 어느 제조업체에서 놀라운 리모컨을 개발했습니다. 스마트폰 같은 터치스크린 방식의 최첨단 LCD 리모컨이었습니다. 터치스크린이니 당연히 버튼의 요철은 없고, LCD이니 마음만 먹으면 버튼 배열도 막 바꿀 수 있습니다. 채널 한 번 바꿀 때마다 눈으로 일일이 버튼 위치를 확인해야 하니 불편해서 팔릴 리 없었습니다.

그들도 사용자 모드로 돌아가면 이런 리모컨을 불편해서 외면할 텐데, 이 회사는 왜 이런 최첨단 리모컨을 만들었을까요.

시나리오는 대개 이런 식입니다. 회장님이 누워서 TV를 보다가 문득 생각합니다. '우리 TV가 안 팔리는 이유를 알았어. 리모

컨 때문이야.'

그래서 "김 실장!" 하고 부르면 회사의 중추적 인재가 뛰어옵니다.

"6개월 시간 줄 테니까 진짜 좋은 거 만들어봐." '회장님 리모컨'이 탄생하는 순간입니다.

회장님의 교지를 받은 김 실장은 회사 전체에 사발통문을 보냅니다. 'TFT를 만들 테니 각 팀은 가장 똑똑한 팀원을 보내시오.' 그러면 각 팀은 가장 존재감 없는 팀원을 보냅니다. 팀에 결원이 생겨도 일은 해야 하니 어쩔 수 없습니다. 평소에 TFT에 자주 들어가는 분이라면 팀 내 본인의 위상에 대해 진지하게 생각해보시면 좋겠습니다.

어쨌든 그렇게 모인 한 명의 천재와 나머지 범재들은 6개월 동안 리모컨만 고민하고, 그 결과 최첨단 쓰레기가 나옵니다. 혹시 이 제품이 대박 났을 때 다른 경쟁자가 들어오지 못하도록 자기네만의 기술을 총동원하고 수많은 자재를 넣어서 비싸고 쓸데없는 것을 만드는 것입니다.

다소 과장이 섞였지만, 제가 지금까지 만난 수많은 국내 제조업체들이 이런 모습을 보였던 것도 사실입니다. 그들이 이처럼 이해되지 않는 고민을 하는 이유는, 그들에게는 리모컨이 곧 인생이기 때문입니다. 못 만들면 잘릴 수도 있거든요. 그러나 우리에게 리모컨은 뭔가요? TV가 멀리 있거나 발이 화면에 닿지 않을 때 쓰는 기계에 불과합니다. 그래서 누군가 혼을 담으면 부담스러워서 쓰지 않습니다. 제조업체가 제품을 만들기 전에 인간을 한 번만 봤어도 이런 실수는 하지 않았을 텐데요.

이런 일은 어느 업종을 막론하고 일어날 수 있습니다. 지금도 극강의 하드웨어 스펙에만 꽂혀 있는 기업이 적지 않습니다. 그 와중에 사람을 보는 기업이 있고, 그 사람을 보는 사람들까지 보는 기업이 있습니다. 에르메스 버킨백이 소지품이 많이 들어가서 비싸겠습니까? 그것을 들고 있는 '나'뿐 아니라 나를 바라봐 주는 '군중'까지 보았기에 가치가 올라가는 것입니다. 물건이 아니라 거기에 깃든 의미와 사람들 간의 관계까지 봤을 때 가치가 차오르기 시작합니다.

그러니 물성은 보지 마십시오. 물성은 아무것도 아닙니다. 거기에 부여하는 의미, 즉 상대방의 마음에 대해 깊게 보아야 합니다. 그때부터 답이 보입니다. 같은 마케터라도 누구는 기능을 말하고, 누구는 제품을 말하고, 누구는 소비자를 말합니다. 이 와중에 소비자도 아닌 인간을 말하는 사람이 있다면, 누구도 그를 이기지 못할 것입니다. 생각의 지평이 그만큼 넓고 깊기 때문입니다.

'척 보면 아는' 그들의 감각을 읽어라

여름철 더위에 지쳐 카페에 들어가면 시원한 에어컨 바람이 반겨줍니다. 한 땀 식히고 나면 이윽고 죽 늘어선 테이블과 진열장, 카운터, 종업원, 그 뒤의 메뉴판이 눈에 들어옵니다. 메뉴판에서 금액을 확인하며 우리는 비싸다 혹은 싸다고 평가를 내립니다. 그 평가에 따라 사람이 많이 오는 대박집이 되기도, 아무도 찾지 않는 쪽박집이 되기도 하죠.

한 번은 포털사이트에 '카페'라고 입력해서 이미지 검색 결과를 보았습니다. 온갖 종류의 카페 사진이 있었는데, 솔직히 '이게 카페야?' 싶을 정도로 허접한 곳도 적지는 않더군요. 사람들에게 그 사진들을 몇 장 보여주면서 여기 커피 가격이 얼마일 것 같으냐고 물어보니, 신기하게도 비슷한 가격대를 말했습니다. A카페는 2000원, B카페는 3500원이 평균인데 C카페는 6000원 정도 할 것 같다고 하고, D카페는 2만 원을 받아도 감사히 내겠다고 했습니다. A카페에서는 커피값을 3000원만 불러도 화내던 사람들이 왜 D카페에서는 2만 원도 감지덕지일까요? D는 사진으로만 척 봐도 고급 호텔 커피숍임에 분명했습니다. 탁 트인 통유리 너머로 그림 같은 파도가 넘실대는데 2만 원이 대수냐는 것이죠. 이를테면 이 카페에서 5000원이 커피값이라면 나머지

1만 5000원은 경치값인 셈입니다.

　이것은 무슨 이야기일까요. 척 보면 안다는 겁니다. 누구나 어느 매장에 들어서는 순간 머릿속으로 재화의 적정가를 정하곤 합니다. 인테리어가 고급스러우면 가격이 비쌀 것이라 생각하지 않나요? 종업원 옷차림이 세련되고 단정해도 머릿속 가격이 올라갑니다. 종업원이 웃고 있으면 점수를 더 줍니다. 심지어 테이블 간격이 넓어도 이 가게는 비싸겠다고 짐작합니다. 여기에 천장의 높이, 커피향의 농도, 진열장의 크기와 조명, 메뉴판의 색상과 글씨체까지 온갖 것들이 가세합니다. 한마디로 처음 들어설 때 경험한 모든 감각의 총합이 그 카페의 '분위기'로 구체화되고, 이를 기반으로 우리는 카운터까지 걸어가면서 얼마의 금액이 적당할 것인가를 가늠합니다.

　우리가 의식적, 무의식적으로 인지하는 모든 감각은 우리의 감각기관에서 출발해 수많은 정보를 뇌에 전달합니다. 이것이야말로 말 그대로 '빅데이터' 아닌가요. 이 모든 정보는 우리에게 '느껴진' 분위기를 전달하고, 슈퍼컴퓨터인 우리의 뇌는 지난 세월에서 얻은 직접적, 간접적 경험을 기반으로 복잡한 계산을 해 메뉴판의 금액이 적당한지 아닌지를 즉각적으로 판단해냅니다.

　이런저런 계산 끝에 '여기 커피는 6000원'이라고 짐작했는데 메뉴판에 적힌 가격이 5500원이면 만족스럽고, 4500원이면 감사한 거죠. 반대로 후줄근한 매장에서 5000원을 받으면 화를 내며 도로 나옵니다. 이런 판단을 나 혼자만이 아니라 매장에 들어오는 사람들마다 다 합니다. 애덤 스미스의 '보이지 않는 손'이 작동한다고나 할까요. 나 한 명의 판단이 아니라 수많은 사람들의 판단이 모이면서 나름의 객관적인 적정선이 형성됩니다. 어느 매장에 가든 비슷한 사회경험을 쌓은 사람들은 비슷한 가격대를 추측해냅니다. 사람들의 인식은 각자 주관적이라 조금씩 다를 수 있지만 그들의 모둠인 사회에서는 인식의 공유와 교류가 계속 이루어지기 때문에 나름의 객관적인 주관이 형성됩니다. 이를 우리는 '상식'이라 부릅니다.

우리는 흔히 상식이라 하면 갑남을녀의 통념이니 누구나 안다고 생각하기 쉽습니다. 그런데 앞에서 말했듯이, 상식이란 것은 생각만큼 쉽게 얻어지지 않습니다. 나의 생각이 대중의 보편적 이해와 궤를 같이해야 하는 데다, 상식도 계속 변하기 때문입니다. 나는 정성껏 커피를 내렸으니 1만 원을 받아도 된다고 생각하는데 고객은 3000원짜리 커피라고 생각한다면? 예전에는 다소 비싸더라도 조용하고 오래 있을 수 있는 북카페가 잘되기에 나도 따라서 차렸는데, 이제는 저렴한 테이크아웃 전문점으로 유행이 바뀌었다면? 퇴직금에 대출까지 받아서 시도한 '인생

2막'은 꽃을 피우지도 못하고 허망하게 끝날 수밖에 없습니다.

자기만의 프레임에 갇힌 생각이나 한물간 통념을 '상식'이라 부르는 것은 일종의 형용모순입니다. 상식 수준의 판단을 할 수 있으려면 변화하는 상식을 계속 찾아내는 능력이 있어야 합니다. 흔히 '전문성'이라 쓰고 '감感'이라 읽는 그 능력 말입니다. 좀 더 고상하게 표현하면 '통찰력insight'이라 할 수 있겠죠. 전문성 혹은 통찰력이란 사람들이 무심코 지나치는 것을 발견하고 그 차이를 설명할 수 있는 능력입니다.

일을 하다 보면 통찰력이 절실한 순간이 한두 번이 아닙니다. 사회에 큰 사건이 터지면 기업마다 이 사건이 앞으로 자신에게 미칠 영향을 가늠하고 새로운 기회를 모색하느라 분주합니다. 하지만 똑같은 1000건의 사건이나 장면을 보여줘도 '사람들이 이렇게 하네' 수준의 감상평을 뛰어넘어 통찰을 보이는 사람은 얼마 되지 않습니다. 그래서 우리는 비용을 치르면서 전문가들의 통찰력을 빌려옵니다. 연말연시마다 토정비결을 보듯 전문가들이 밝히는 '새해의 트렌드'에 귀를 쫑긋하는 것도 같은 맥락일 테죠. 따지고 보면 우리가 각종 전문가들에게 치르는 비용도 결국은 그들의 '감각 있음'에 지불하는 것 아닌가요? 그리고 그 '감'을 완성하기 위해 전문가들은 부단한 노력을 기울입니다.

데이터 분석도 마찬가지입니다. 우선 소셜 네트워크에서 문장을 모은 후 그것을 분석 시스템에 넣어서 많이 나오는 단어나 연관어 등을 추출합니다. 이것으로도 최근 어떤 표현과 정서가 지배적인지를 유추할 수 있습니다. 하지만 그것은 1차 조치일 뿐, 더 깊은 해석을 얻으려면 사람 눈으로 직접 보고 생각해야 합니다. 데이터 분석가들은 데이터를 직접 분석하고, 이를 전체 패턴과 비교하면서 그 안에 담긴 인간의 행동이나 상황, 생각을 해석해냅니다.

실제 사례를 통해 살펴볼까요. 예전에 '모바일 라이프스타일'이라는 주제로 빅데이터 분석을 한 적이 있습니다. 사람들이 느끼는 모바일의 소비자 가치를 발견하고, 그에 맞는 마케팅 전략을 세우기 위한 프로젝트였습니다. 전 세계에서 사람들이 휴대폰을 언제 어떻게 사용하고 있는지 들여다보고, 그 데이터에서 의미 있는 통찰을 건져내는 작업이었죠.

그때 기초 자료로 수집한 소셜 네트워크의 글은 총 118억 4688만 3902건이었습니다. 이 중 집, 이동상황, 일터 등의 공간과 대상, 디바이스를 조합하여 모바일 사용 장면을 다방면으로 포괄하도록 문서를 추출했더니 약 8100만 건이 모였습니다. 그런 다음 모바일 사용자의 행동 및 니즈를 분석할 수 있는 맥락이 담긴 자료만 선별했습니다. 이를테면 "바쁜 며칠이 지나고 카페에서 아이패드와 폰에 딱 붙어서 여유로운 금요일을 보낸다"라는 문장에는 시간(금요일), 장소(카페), 행동(아이패드와 전화기를 사용) 등의 사실과 맥락(바쁜 일정 후 휴식)이 들어가 있습니다. 반면 "내 스마트폰의 홈버튼이 고장 났다"라는 문장에는 사실이나 맥락이 나타나 있지 않으므로 해석에서 제외됩니다.

그다음에는 사용자의 행위에서 보이는 사실을 기록하고 글을 작성한 시점 등의 메타 정보를 추가해 팩트 노트를 만듭니다. 이는 행동 안에 잠재된 니즈를 발굴하는 것이 목적입니다. "어떤 사람이 병원에서 헤드폰을 꽂고 아이폰 게임을 하는데 소리가 다 들린다", "업무 중에 잠깐 폰을 확인했는데 때마침 상사가 들어와서 눈치를 준다" 등의 문장에서 행동이 일어나는 상황을 통해 말하는 사람의 감정을 추론하는 것이죠. 예컨대 우리가 도출한 모바일 라이프스타일의 몇 장면을 보면 다음과 같습니다.

"잘 모르는 사람에게 문자를 보낼 때는 그 사람이 아이폰을 쓰는지 아닌지 몰라서 '이모지'를 보낼지 말지 망설인다."

"아이폰의 이모지가 있어야 누텔라 커피의 맛을 제대로 표현할 수 있다."

"페라리 사진을 찍고 바로 업로드하려는데 안 돼서 짜증난다."

"웃긴 사진을 스냅챗에 올려야 하는데 배터리가 없어서 폰이 꺼졌다."

"남편들은 아내가 쇼핑할 때 건물 앞 벤치에 앉아 아이폰을 만지며 아내를 기다린다."

"2G폰을 쓰기 때문에 지하철에서의 심심함을 신문으로 달랜다."

"헬스장의 자전거를 탈 때는 스마트폰을 보고 러닝머신 위에서는 TV를 본다."

그다음에는 인사이트 노트를 작성합니다. 팩트 노트로 모인 수많은 상황에서 유사한 맥락으로 묶일 수 있는 정보들을 모아 현상에 대한 통찰이나, 발견된 사람들의 니즈를 정리합니다. 예컨대 앞의 팩트 노트를 통해 '세세한 감정을 전달할 때는 이모티콘이 필요하고', '사람들이 놀랄 만한 정보는 곧바로 알리려는 경향이 있으며', '심심함을 달래는 용도로 스마트폰이 최고'라는 인사이트를 추출할 수 있습니다. 이 프로젝트를 진행할 당시 이러한 인사이트 노트가 100건 작성되었습니다. 그리고 최종적으로 모바일 라이프스타일의 주제를 4가지로 도출해 그에 기반한 전략을 제안했습니다.

118억 건의 데이터에서 4개의 통찰을 건지는 것, 이것이 데이터 분석의 묘미이자 어려움입니다.

통찰력이 절실한 이들에게 빅데이터는 새로운 돌파구로 각광

받았습니다. 100만 명의 생각이 모이면 상식이 될 수 있으니 그걸 보면 답이 나오지 않겠냐는 것이죠. 딴엔 그럴듯한 논리여서, 돈이 있는 기업들은 빅데이터 TFT를 만들고 용역업체를 고용하고는 뭐라도 가져와보라고 채근하곤 합니다. 그렇지 않은 기업은 '빅데이터는 대기업 이야기일 뿐'이라며 강 건너 불구경하듯 합니다.

그러나 섣부른 데이터 만능주의는 곤란합니다. 빅데이터를 모으기 어렵기 때문이 아니라, 데이터 자체는 100건이 모이든 100만 건이 모이든 아무런 통찰도 없기 때문입니다. 통찰은 오직 사람만이 할 수 있는 능력입니다. 따라서 데이터의 중요성이 부각될수록, 데이터를 보는 사람의 역량이 더욱 강조되어야 합니다.

지금은 오히려 그 어느 때보다 인간의 통찰이 중요해진 세상입니다. 경영을 괜히 오케스트라 지휘자에 비유하겠습니까. 수많은 정보와 지식에서 정수를 뽑아내는 것은 예술의 경지에 이르러야 가능하기 때문 아닐까요. 감독 없이 영화를 찍을 수 없듯이 말이죠.

카메라 같은 데이터는 반드시 필요합니다. 그러나 카메라를 통제하고 결과물을 편집하는 것은 감독의 영역입니다. 데이터에만 의존하겠다는 사고방식은 그나마 작동되던 인간의 통찰력을 정지시켜 조직을 위험에 빠뜨릴 수 있습니다.

빅데이터가 아무리 대단해도 결국 사람이 남긴 언어 자원입니다. 그래서 저는 스스로를 소개할 때 '마음을 캐는mind mining' 일을 한다고 말합니다. 그런데 그 마음이라는 게 언어, 몸짓, 분위기 등으로 흩어져 있기에 그중 맥락을 이해할 수 있는 단서들을 모아 분석하는 것입니다. 우리 사회의 집단적인 호오好惡와 추이를 파악해 사회를 이해하고, 인간의 욕망을 재고, 우리의 비즈니스가 그 욕망에 부합하는 일을 할 수 있도록 알려주는 것이 제 일입니다.

데이터가 쌓이면 통사적으로 인간의 삶을 바라볼 수 있고, 객관화가 가능해집니다. 이것을 저는 '주관의 객관화'라 표현합니다. 선거나 TV의 순위 프로그램에서 잘 드러나듯이, 한 사람의 의견은 지극히 주관적이지만 사회 전체의 의견을 모으면 어떤 합의점이 생깁니다. 그것이 정치, 경제, 사회현상으로 표현되는 것입니다.

'사회과학social science'이라는 용어가 일상적으로 쓰이고 있긴 하지만, 그동안 자연과학자들은 이 말을 인정하지 않았습니다. 무릇 과학이라 함은 반복되어 검증할 수 있어야 하는데 역동적인 사회현상을 반복적으로 검증할 방법이 마땅치 않다는 이유 때문이었습니다. 그러나 수십, 수백 년 동안 인류가 남긴 데이터를 볼 수 있게 된다면, 그때는 객관화가 가능해지고 특정 맥락에 나타나는 패턴을 분류할 수 있게 됩니다. 사회현상도 자연과학처럼 반복적으로 검증할 수 있는 '과학'이 될 수 있다는 것입니다.

이러한 변화는 이미 시작되었습니다. 구글북스 라이브러리가 디지털화한 책이 3000만 권이 넘는다고 합니다. 세계적인 화제작 《21세기 자본》은 선진 자본주의 국가들의 200~300년 치 각종 통계자료를 모아 가공함으로써 결론을 뒷받침하고 있습니다. 오노레 드 발자크나 제인 오스틴 같은 문학가들이 19세기 자본주의를 어떻게 묘사했는지, 오르한 파묵과 발자크의 시대묘사는 왜 다른지 등을 분석하고, 거기에 저자의 통찰을 더해 세계를 강타한 주장을 완성한 것입니다.[28]

이런 맥락에서, 데이터 분석을 하고 싶다며 조언을 구하는 사람들에게 저는 가장 먼저 '책을 많이 읽으라'고 말합니다. 그 안에 사회의 흐름과 중요한 지식이 담겨 있기 때문입니다. 데이터 분석이 인간의 욕망을 파악하는 일인 만큼, 인간을 심도 깊게 이해하기 위해서는 인문적 소양이 필수적입니다.

저는 컴퓨터사이언스를 전공했지만 인문 전공자들과 함께 데이터를 분석합니다. 데이터를 분석해서 추이를 발견해내는 일이 결국에는 '인간의 생각'을 파악하기 위한 과정이기 때문입니다.

처음부터 인문적 통찰을 가지고 가설을 세웠다면 좋았겠지만, 예전에는 그저 데이터만 모아놓고 인문 분야의 교수들을 찾아다니며 "이거 어떻게 생각하세요?" 하며 물어보기에 바빴습니다. 지금은 심리학, 사회학, 철학, 인류학, 경제학 연구자들이나 학회의 도움을 받고, 직원도 인문사회 분야를 전공한 인재를 주로 모셔와서 통찰의 깊이를 더하려 노력하고 있습니다.

책과 함께 신문과 뉴스도 빼놓을 수 없습니다. 3년만 꾸준히 챙겨서 보면 세상이 어떻게, 왜 변하는지 저절로 알게 됩니다. 뉴스를 보고 3개월 후면 그들의 정치적 의도라든지 행간이 실제화됩니다. 이뿐인가요. 검색엔진도 있고, 포털도 있고, TV 프로그램도 트렌드를 읽는 중요한 경로입니다. 정보는 많고 수단도 충분합니다. 우리는 그저 많이 관찰하고, 많이 읽고, 많이 고민하면 됩니다.

"

통찰은 오직 사람만이 할 수 있다.
데이터의 중요성이 부각될수록,
데이터를 보는 사람의 역량이
더욱 각광받을 것이다.

"

5장

배려 :

이해하라,
그러면
배려하게 된다

네이트 실버Nate Silver라는 사람이 있습니다. 미국의 대통령 선거 결과를 예측해서 자신의 웹사이트에 미리 올렸는데, 그게 다 맞아서 유명해진 사람입니다. 2008년에는 49개 주, 2012년에는 50개 주를 다 맞혔는데, 기가 막힌 것은 이 불가능해 보이는 일을 신의 권능이 아니라 오직 자신의 힘으로 해냈다는 사실입니다. 즉 미래를 점치지 않고 철저히 분석해서 예측한 것이죠. 그는 특정 주의 히스패닉 비율이나 GDP 같은 사회적 변수가 정파, 당파에 대한 지지율에 어떤 영향을 미치는지 등 수많은 척도를 놓고 고민했다고 합니다.[29]

그의 책 《신호와 소음》의 한국어판 추천사를 쓸 기회가 있었는데, 그때 저는 이런 말을 했습니다. 미래는 맞히는 게 아니라 바꾸는 것이라고요. 그 기준에서 보면 네이트 실버는 직접 경기를 뛰는 선수보다는 경기를 관망하는 관중spectator에 가깝습니다. 포커나 경마, 농구경기에서 승자를 맞히는 게 그의 장기입니다. 자신은 관찰자이고, 자신의 능력을 돈 버는 데 쓰겠다는 것이죠.

이것이 과연 바람직할까요? 훌륭한 분석 능력을 살려 '나' 스스로 주체가 되어서 미래를 바꿀 수 있어야 하지 않을까요.

미래를 예측하기 위해 점쟁이에게 갈 필요는 없습니다. 평소에 잘 살면 좋은 미래가 저절로 오기 때문입니다. 잘 살고 싶으면? 평소에 잘하면 됩니다. 관찰을 통해 원인과 결과의 관계를 파악하고, 좋은 결과를 내는 좋은 행동을 하는 것이 행운에 기대지 않고 성공하는 방법입니다. 물론 쉽지는 않죠. 담배 끊으면 건강해지는 줄은 다 알지만, 대부분의 끽연가들은 이 인과관계를 최대한 무시하고 싶어 합니다. 제가 하는 일은 이 인과관계를 최대한 밝히는 것입니다.

명절 이혼 피하는 법

인과관계를 보여주는 이야기 하나. 추석 이야기입니다. 민족의 최대 명절답게 한국 사람들은 추석에 관해 다양한 이야기를 풀어놓습니다.

우리는 추석 연휴 3일을 어떻게 보내고 있을까요?

우선 달을 언제 보는가 살펴보았더니 추석 전날에 봅니다. '추석' 하면 보름달인데 어쩐 일인지 우리는 보름 전날에 달을 보며 소원을 빌더군요. TV도 추석 전날에 봅니다. 추석 쇠고 다음 날에는 영화 보고 친구도 만나면서 본격적으로 놀아야 하기 때문이죠. 소셜미디어에서 한국 사람들이 하는 이야기를 다 모아보니 이런 흐름이 나타났습니다. 우리의 추석 일상입니다.

좀 더 자세히 살펴볼까요. 추석 이야기에 빠지지 않는 등장인물이 있습니다. 바로 엄마입니다. 엄마는 추석이 싫습니다. 한국 엄마가 싫어하는 게 두 가지 있다면 하나는 추석이고, 다른 하나는 설날입니다. 실제로 소셜미디어에 추석과 관련한 내용의 긍정률을 따져보면 '추석'과 부정적인 언어와의 결합이 36%인데, 부정적 여론을 주도하는 대표주자들이 바로 엄마들입니다. 아, 최근에는 엄마 못지않게 명절을 싫어하게 된 사람들이 있습니다. 친척들 앞에서 할 말 없는 취업준비생들입니다. 자녀들의 부정률은 35%, 결혼 타박을 들을 듯한 싱글들도 부정률이 32% 정도인 반면, 엄마들의 부정률은 39%이고 취업준비생 및 실업자들의 부정률은 50%에 이릅니다.

아빠도 생각보다는 추석을 좋아하지 않는 것으로 나타났습니다. 그런데 여기에 미묘한 차이가 있습니다. 엄마가 싫어하는 것은 '명절'인데, 아빠가 싫어하는 것은 '연휴'라는 사실입니다. 차이가 느껴지나요? 싫은 게 다르다는 것은 서로의 입장과 생각이 다르다는 뜻입니다. 어떤 입장 차이가 있는지 한번 보죠.

엄마가 추석을 좋아할 수 없는 것은 두말할 필요가 없습니다. 싫어하는 게 다 몰려오니까요. 일단 온갖 노동을 해야 합니다. 청소하고 장보고 차례음식 준비하고 상 차리고 손님 접대하고. 게다가 이런 걸 하려면 돈을 써야 합니다. 그래도 다 감당할 수 있습니다, 시댁만 없다면요. 한 명도 싫은 시댁 식구가 완전체로 몰려옵니다. 그러니 너무 싫습니다. 얼마나 싫은가 하면, 명절이 도래하기 무려 한 달 전부터 명절이 싫다고 하소연을 합니다. '한 달 후면 추석'이라고 인지하기 시작해서 3주 전, 2주 전, 일주일 전으로 다가갈수록 쭉쭉 스트레스 지수가 치고 올라옵니다. 그러다 추석 이틀 전에 터집니다.

왜 이틀 전일까요? 추석 전날에는 시댁에 가야 하니, 그 전날이 남편과 둘이 있을 수 있는 마지막 기회거든요. 이때 남편을 잡는 것입니다. 다 남편 때문이라며. 딴에는 일리 있는 말 아닌가요. 남편이 없으면 시댁도 존재하지 않을 테니 말이죠. 물론 '당신 때문에 내 팔자가 이렇다'고 본질적인 부분을 건드리지는 않습니다. 공격 포인트는 대개 허를 찌를 만큼 사소합니다.

"여보, 당신 왜 안 씻는 거야?!!!"

그러면 남편은 뭐라고 하겠습니까. 눈치가 있으면 "어, 알았어, 지금 씻을게"라며 욕실로 내빼야 합니다. 물론 이것은 씻지 않는 것에 대한 비난이 결코 아닙니다. 남편의 존재가 싫은 것일 뿐, 아마 이미 씻었어도 다른 걸로 혼났을 겁니다. 안타깝게도 많은 남편들이 아내 심기가 꼬일 만큼 꼬인 상태에서 당합니다. 그때 달래주거나 반항해봐야 이미 터진 다음인데요.

남편들에게 안타까운 소식이 하나 더 있습니다. 여기서 끝이 아니라는 겁니다. 한 번 퍼부었다고 아내의 기분이 바로 좋아지는 게 아니어서, 추석 다음 날 한 번 더 터집니다. 이날은 연휴의 마지막 날이고, 이날이 지나면 남편이 회사로 도망가 버리니 남편이 집에 매여 있을 때 한 번 더 잡는 것이죠. 그 후로도 아내는 일주일 동안이나 기분 나쁜 상태를 유지합니다. 일종의 여진餘震 같은 것이죠. 감정을 추스르는 데 시간이 걸리니까요. 이처럼 아내들은 명절이 싫고, 남편은 왜 그런지 모르겠지만 어쨌든 아내가 화나 있는 연휴가 싫습니다.

자, 지금까지는 원인, 즉 인풋in-put입니다. 이러한 정서가 들어가면 어떤 결과out-put가 나올까요.

뭘 삽니다. 이것저것 막 사는 게 아니라 명품, 패션상품, 호텔

패키지처럼 평소에는 감히 살 수 없었던 비일상적인 사치재를 사들입니다. 단순화하면 대개 이런 상황입니다.

아내가 막 화를 냅니다. 남편이 버티다 버티다 못해 카드를 줍니다. 일종의 타협책이죠. 감정노동을 돈으로 때우는 상황이 썩 달갑지는 않군요. 하지만 현실에서 일어나는 일입니다. 심지어 돈이 있는 가정에서는 이런 일이 비단 명절 때만 일어나지 않습니다. 제가 아는 어느 분은 골프가 취미여서 주말에는 꼭 라운딩을 나가야 한다고 합니다. 당연히 아내가 싫어하죠. 주중에는 일한다고 얼굴 보기 힘든 남편이 주말에까지 혼자 밖에서 노니 싫어합니다. 처음에는 몇 번 잔소리를 듣던 이분이 언젠가부터 백화점 상품권을 모아두었다가 골프 치러 갈 때마다 아내에게 주기 시작했습니다. 그 후 어떻게 됐을까요? 이제는 아내가 골프 치러 안 나가냐고 물어본다고 합니다. 당신도 즐겁게 보내고, 그 대신 나에게도 적절한 보상을 하라는 것이죠. 좀 미안한 비유를 하자면 '파블로프의 개' 같은 상황 아닌가요. 정서적 공감과 치유가 빠진 자리에 물질적 보상이 들어가면 누구나 이런 상태가 됩니다. 일심동체라는 부부 사이라 해도 말이죠.

돈 많은 집에서는 이런 일이 주말마다 일어나겠지만, 보통의 가정에서는 명절 때 모처럼 큰 맘 먹고 카드를 씁니다. 명분은 분명합니다. '고생한 나에게 이 정도 보상은 당연해.' 이렇게 소비를 정당화하면서 평소에 못 사는 물건들을 삽니다. 실제로 추석 이후에 신문 경제면을 보면 '화장품 매출이 30% 올랐다' 같은 기사들이 해마다 실립니다. 추석 이전에는 선물용 상품권과 놀이동산 매출이 올라간다면, 추석 이후에는 패션상품의 매출이 독보적입니다. 특급 호텔의 추석 패키지 성장률도 해마다 높아지고 있죠. 대부분 이런 방식으로 자신이 갖고 있는 문제를 봉합하려 합니다.

그러나 이게 끝이 아닙니다. 진정한 끝은 그다음 달에 옵니다. 추석이 9월이면 10월의 이혼율이 폭증해서, 직전 달에 비해 평균 11.5%나 증가합니다.[30] 우리나라에 이혼 피크가 두 번 있는데, 한 번은 3월, 그다음은 10~11월입니다. 공통점이 있다면 설과 추석 다음 달이라는 겁니다. 명절 스트레스 때문에 이혼까지 하는 것은 인과관계가 이해되기도 하는데, 왜 하필 한 달 뒤에 할까요? 누군가는 한 달 동안 싸우다 이혼하는 것 아니겠냐고 하지만 그렇지는 않습니다. 이게 뭐냐면 그 유명한 '4주 후에 뵙겠습니다'의 결과입니다. 이혼 프로세스에 4주가 걸린다는 것이죠. 즉 이혼해야겠다는 9월의 의사결정이 10월에 통계로 잡힐 뿐입니다.

이처럼 각종 통계와 사회현상은 견고하든 헐겁든 다 연결돼 있습니다. 인과관계를 이해하면 내가 어떻게 살아야 될지 알 수 있습니다. 10월에 이혼하기 싫으면 추석 때 문제를 만들지 말아야 한다는 말이죠.

　자, 이유를 알았으니 어떻게 이런 불행을 막을 수 있을지 보죠. 앞에서 설명한 감정 흐름 데이터를 본다면 명절 당일에만 조심한다고 해결될 문제는 아닌 듯하군요. 물론 가장 간단한 해법은 결혼하지 않는 것이겠지만, 어쩌다 결혼을 했다면 남편과 아내 모두 명절이 다가올 때 각별히 조심해야 할 필요가 있습니다. 우선 남자들은 명절이 오기 한 달 전부터 아내에게 잘해야 합니다. 명절연휴 때만 잘해주면 된다는 생각은 너무 안이한 발상입니다. 아내에게 명절 스트레스는 그 며칠만의 이슈가 아니니까요. 명절 연휴가 되어서야 뒤늦게 잘할 바에는 차라리 아무 말도 하지 않는 게 더 안전할지도 모릅니다.

　아내들도 조심해야 할 점은 있습니다. 명절 연휴 때 부부들의 패턴을 보면 본가에서 차례 지내고 돌아오는 차 안에서 대판 싸웁니다. 이유를 남편 입장에서 생각해보면, 지난 2주일간 남편은 아내의 말도 안 되는 짜증과 공격을 참아왔습니다. 남편으로서는 대항할 수 없습니다. 대항하는 순간 아내가 본가에 가지 않을 수 있는 빌미를 제공하니까요. 아내도 처음부터 이 점을 알고 싸움을 걸어온 것인지 모릅니다. 그래서 꾹꾹 눌러 참아온 끝에 추석 차례가 무사히 끝났으니 남편은 더 이상 아내 눈치를 볼 필요가 없습니다. 어차피 '화목한 가족 코스프레'라는 목적을 달성했으니, 돌아오는 차 안에서 "당신 어머니는 말이야"라고 아내가 한마디 하면 그동안 억눌린 감정들을 쏟아내면서 대판 싸우고 파탄 나는 것입니다. 그러므로 이혼을 피하고 싶다면, 명절이 끝났다고 경거망동할 게 아니라 그 후로도 일주일 정도는 부부모두 조심하고 배려해야 합니다. 눈앞의 현상에만 매몰되지 않고 객관화하면 이처럼 보이지 않던 것이 보이게 되고, 문제를 해결하는 새로운 시야가 열립니다.

자, 정리해볼까요. 명절 전 한 달간은 서로 조심하고 일주일 전부터는 더욱 배려해야 합니다. 그리고 명절 이틀 전에는 서로의 기분에 대해 솔직하게 이야기해 불필요한 감정을 쌓아두지 말고, 명절 후에는 여행이나 즐거운 일을 함께함으로써 감정의 앙금을 없앤다면 더욱 좋겠죠. 때때로 억울함과 '욱'이 올라오겠지만, 나와 가정의 평화가 보장된다면 해볼 만한 시도 아닐까요.

회사에서도 마찬가지입니다. 회사생활을 해볼 만큼 해본 분들이라면 임원들에게 조심해야 할 때가 언제인 줄 알 겁니다. 바로 3월 말, 6월 말, 9월 말입니다. 분기실적에 한창 쫓기는 때거든요. 결코 말을 걸면 안 되는 때는 12월 말입니다. 인사이동으로 신경이 예민해져 있을 때이니 눈치 있는 직원들은 알아서 슬

슬 피합니다. 이처럼 다 때가 있습니다. 이러한 '때'를 보지 못하고 평소처럼 굴었다가 상대방의 말 한마디에 상처 받는 건 어리석은 짓입니다. 전체 맥락을 보면 그 사람이 어떤 상태에 있는지 알 수 있는데 왜 상처를 자초하나요.

여기까지는 소극적인 해법입니다. 문제를 직시하고 그것을 해결한 게 아니라 피한 것이니까요. 문제를 알았다면 문제를 뿌리 뽑을 근원적 해법을 모색해볼 필요도 있습니다. 더 나아가 우리 사회가 흘러가는 것을 큰 틀에서 이해했다면 명절을 보내는 방법에 대해서도 고민해보는 것이 필요하지 않을까요? 극단적으로는 명절을 없애자는 주장도 나올 수 있습니다.

실제로 최근에는 차례를 간소화하거나 아예 생략하고 명절 연휴에 여행을 가는 가정이 늘고 있죠. 예전에는 농업사회였기 때문에 함께 모여서 같은 행동을 하는 게 중요했습니다. 때마다 씨 뿌리고 추수하는 인력이 필요했으니까요. 게다가 과거에는 먹을 것이 충분치 않았으니 추수가 즐거웠을 겁니다. 추수에 감사하는 추석 노동 따위는 아무렇지도 않을 만큼 감사했을 겁니다. 그러나 지금은 매일 넘치도록 밥을 먹습니다. 농사와 관계없이 삶을 영위하는 사람들도 너무 많고요. 그러니 마음에서 우러나와 추수에 감사하는 이가 별로 없습니다. 게다가 여성의 사회적 지위가 과거보다 높아지면서 여성의 희생을 강요하는 문화에 제동이 걸리기 시작했습니다.

사회가 이만큼 바뀌어서 명절이 스트레스가 되었는데 무조건 예전의 전통을 그대로 유지하는 것은 문제가 있지 않을까요. 조상을 모시고 전통을 지키는 것도 매우 중요한 우리의 가치임은 틀림없지만, 전통을 지키다 가정이 깨지는 일이 발생하는 것까지 조상님들이 원하시지는 않으리라 생각합니다. 어떤 조상이 후손을 이혼시키면서까지 제삿밥을 먹겠다고 하겠습니까.

아, 말이 너무 과격해진 것 같군요. 그나마 이런 말을 할 수 있는 것은 제 말이 개인적 주장이 아니라 데이터가 말하는 객관적 현실이기 때문입니다. 명절을 없애자고 하면 그 순간 저는 사회적 패륜아가 됩니다. 그런데 데이터를 기반으로 말하면 사회운동가가 됩니다. 앞에서도 여러 번 강조한 데이터의 힘입니다. 불편한 진실을 말할 수 있게 해주는 힘. 잔 다르크처럼 화형당하지 않고 문제를 개혁할 수 있게 해주는 힘.

데이터를 기반으로 한다는 것은 객관화한다는 뜻이기도 합니다. 남편 입장에서는 아내가 '당신 어머니는 말야'라고 험담하는 말이 불경하게 느껴질 수도 있겠지만, 시야를 높여 조감鳥瞰하듯 바라보면 그 사람도 피해자입니다. 아내도 한국 문화와 관습의 피해자로서 일시적으로 폭발하는 것이니, 화를 낼 것이 아니라 오히려 아내를 안아주는 것이 현명하지 않을까요. 이렇게 객관화해보면 상대방의 생각을 읽을 수 있고, 상대방에게 연민이 생기고 공감할 수 있습니다.

앞서 말했던 남자 예능이 뜨는 이유도 공감이 있었기에 가능했을 겁니다. 그런데 여기에는 그저 사랑하는 자녀와 함께하고, 우정을 쌓는 차원의 공감 이면에 좀 더 근원적인 공감이 숨어 있습니다. 유쾌하진 않지만 이 또한 '이혼'과 연결돼 있습니다.

기왕에 얘기가 나왔으니 이혼 이야기를 조금 더 해보죠. 앞서 설명했듯 최근 남자들의 예능 프로그램이 유행하는 것에는 '언제든 버려질 수 있는' 남자들의 위태로운 현실이 반영돼 있습니다. 아빠가 가족의 일원으로 살아남고 싶어서 아이들에게 친한 척합니다. 거기에 실패하면 군대를 가고, 그것도 안 되면 남자들끼리 산에 가고 낚시하며 소일하다 나중에는 할아버지들이 모여 여행을 다닙니다. 하나같이 남자들끼리 몰려다닙니다. 이혼율이 엄청나게 올라가고, 그것도 주로 차이는 신세가 되었으니 남자들끼리의 생활을 어찌 해야 할지 알아야 할 때가 된 것입니다. 이 모든 콘텐츠가 그냥 나온 게 아니라 우리 사회상을 반영한 결과물입니다.

우리 사회는 어떻습니까. 남자들이 더 이상 생산에 유리하지 않습니다. 수십만 년 동안 남자가 생산에 유리했기 때문에 남자에게 부양의 의무가 지워졌는데, 이제는 사람이 아니라 기계가 생산하는 세상이 되어 근육 위주의 산업구조에서 탈피했습니다. 우리나라도 해외의 저렴한 인력에 밀리고 있기 때문에 힘써서 생산하는 분야보다는 커뮤니케이션과 논리적인 사고를 필요로 하는, 비교적 여성이 유리한 산업으로 무게중심이 옮겨지고 있습니다.

제가 일하는 회사에도 컨설팅 부서는 직원의 80%가 여성입니다. 남성직원이 적은 이유가 위의 변화와 관련이 있을지 진지하게 생각해보게 되는군요.

그렇다 보니 경제적 이유 때문에 혼자 사는 남자가 늘어납니다. 우리보다 산업구조 변동과 경제위기를 일찍 겪은 일본은 2015년 현재 전체 남성의 23%가 50세가 되도록 한 번도 결혼하지 않았다고 합니다.[31] 그나마 우리나라는 일단 결혼을 한 다음에 이혼한다는 게 차이라면 차이일까요. 어떤 사람은 한국이 OECD 국가 중 이혼율이 가장 높은 이유가 다른 유럽 국가들은 결혼을 아예 안 하는데 우리는 결혼했다가 이혼하기 때문이라고도 설명합니다. 이유가 어떻든 혼자 사는 남자들이 많아졌으니 그들끼리 좌충우돌하는 프로그램이 많아진 것입니다.

우리가 이런 프로그램을 보면서 웃는 것은, 나 또는 누군가가 그렇게 될지 모른다는 생각을 암암리에 하고 있다는 뜻이기도 합니다. 공감하게 되니 웃기도 하는 것이죠. 이처럼 무엇을 보든 우리 사회의 문제를 보는 게 먼저입니다. 산업은 두 번째이고, 먼저 사회를 봐야 합니다.

혼자 사는 남자들의 삶을 극단으로 보여주는 것에 '먹방'이 있습니다. 아프리카TV의 어느 프로그램은 남자가 그냥 먹습니다. 이걸 수만 명이 보고 있습니다. 혼자 사는 사람이 우리보다 더 많은 일본에서는 일찌감치 〈고독한 미식가〉라는 드라마가 나왔죠. 만화를 원작으로 한 것인데, 한마디로 40대 아저씨가 혼자 밥 먹는 드라마입니다.

주인공인 고로 상은 프리랜서에 40대에 독신에 술을 안 마시는 대신 먹는 것을 좋아합니다. 혼자 밥 먹을 수 있는 모든 조건을 다 갖춘 남자군요. 이런 그가 혼자 식당에 가서 밥 먹는 것을 드라마로 만들었는데, 25분짜리 드라마에서 20분간 밥만 먹습니다. 그가 먹는 모습을 롱테이크로 찍어서 편집도 하지 않고 그대로 내보냅니다. 대사랄 것도 없고 그나마 있다면 '저거 시킬까' 하는 혼잣말 정도입니다. 이런 싱거운 드라마가 히트를 쳐서 매년 새로운 시즌을 이어가고 있습니다.

이 드라마는 혼자 밥 먹는 사람들에게 면죄부를 줍니다. '네가 혼자 밥 시키는 건 창피한 게 아니야, 남들도 다 똑같다니까?' 이런 위안을 주기에 인기를 얻어 롱런하는 것입니다.

혼자 밥 먹는 남자는 비단 독신남만이 아닙니다. 40대 중반
쯤 되면 때로 점심식사는 혼자 하지 않나요? 직원들이 같이 밥
먹는 걸 싫어하니 말이죠. 차마 상사 혼자 밥 먹게 내버려두지
못하는 착한 직원들은 12시가 되기 전에 상사를 모실 제물을 한
명씩 정합니다. 동시에 다 같이 가면 모두가 괴로우니 한 명씩
돌아가며 당번을 서는 것이죠. 혹시 자신과 밥 먹는 직원들이 매
일 바뀌고 있다면 스스로를 겸허히 돌아보시면 좋겠습니다. 그
들의 몬스터 역할을 하고 있지는 않은지 말입니다.

'너 또한 늙을지어니'

추석과 함께 엄마들에게 스트레스를 주는 날이 설날입니다.
새해 설을 맞으면 어김없이 떡국과 함께 나이를 먹고 시작합니
다. 떡국이야 안 먹으면 그만이지만 나이 먹음은 숨쉬기를 포기
하지 않는 한 피할 수 없습니다.

그러나 어떻게든 늙고 싶지 않은 것이 사람의 마음일 테죠.
이는 우리가 쓰는 단어에서 고스란히 나타납니다. 저는 강연을
가면 한 번씩 청중에게 '몇 살부터 중년이라고 생각하십니까?'라

고 묻곤 합니다. 묻는 이유가 있습니다. 누구에게 묻든, 대답을 들어보면 상대방의 나이가 대충 나오거든요. 30대에게 물어보면 40대라고 대답합니다. 40대에게 물으면 50대라고 하고, 50대는 당연히 60대부터라고 말합니다. 무슨 말인가 하면, '적어도 난 아닐 거야'라는 겁니다.

실제로 최근 6년간 블로그 글 40억 건을 살펴보면 사람들이 '중년'이라고 생각하는 연령대는 40~50대로 나타났고 70대를 언급한 경우는 9%에 불과했지만, 정작 시니어층의 블로그만 따로 떼어내서 보니 70대를 '중년'으로 표현하는 경우가 17%에 이르렀습니다. 그뿐 아니라 '노년'이라는 표현도 모든 연령층이 남긴 글에서는 60대와 연관 짓는 경우가 가장 많은 데 비해, 나이든 분들의 글에서는 60대의 비중이 17%에 불과하고 70대의 비중이 25%로 가장 높게 나타났습니다.

짧게 정리해보자면 젊은 사람들은 중년을 언급할 때 40~50대를 떠올리고 60대를 노년의 시작으로 생각하지만, 정작 본인이 그 나이가 되면 70대는 되어야 노년으로 생각하고, 심지어 70대가 되어도 스스로는 애써 중년이기를 희망한다는 것입니다.

이 사실을 알고 나면 시니어 마켓에서 '어르신', '할아버지', '할머니'란 호칭은 쓰지 못하게 됩니다. 할아버지에게 팔고 싶으면 '아저씨'라고 불러야 합니다. 일종의 배려죠. '내가 보기에 노인이면 할아버지라고 불러야지' 하고 고집을 부릴 게 아니라, 그들이 원하고 기뻐하는 것을 헤아려 먼저 챙겨주라는 것입니다.

배려란 상대를 도와주거나 보살펴주려고 마음을 쓰는 것으로, 상대가 원하는 것을 말하기 전에 미리 알아서 해주는 것입니다. 사람들이 원하는 것을 알아서 챙겨주는 아이템을 구상한다면 그 사업은 저절로 잘되겠죠. 언뜻 당연한 말처럼 들리지만, 의외로 상대방의 입장에서 먼저 생각하기란 쉽지 않습니다. 저도 처음부터 안 게 아니라 나이든 사람을 이해해보자는 프로젝트를 통해 알게 된 사실입니다.

일례로 시니어들에게 노년임을 일깨우는 중요한 신호탄은 '귀'와 '친구'였습니다. 청력이 떨어지면 그때부터 본인이 늙었다는 사실을 자각하기 시작합니다. 또 친구의 부음이 연이어 들려오기 시작하면 두려워집니다. 그렇다면 기업은 노인들에게 귀가 중요하다는 사실을 바탕으로 어떤 배려를 할 수 있을까요? 보청기 시장이 커지리라는 것은 쉽게 예상 가능하죠. 단, 보청기가 밖에서 보이지 않아야 합니다. 보청기를 낀 모습이 밖으로 드러나면 자신이 늙었다는 사실이 공표되기 때문에 싫어합니다. 그러니 귀 안에 넣을 수 있도록 만들어야 합니다. 이게 기업이 할 수 있는 배려입니다.

20년 이상의 결혼생활을 정리하는 황혼이혼의 비율이 결혼

4년차 미만의 신혼이혼 비율을 추월하는 세상에 우리는 살고 있습니다. 그뿐 아니라 사별이나 개인사 등으로 홀로 사는 사람의 비중이 계속 늘어나는 현상은 65세 이상 중장년층의 재혼율이 10년 전에 비해 2~3배 증가하는 결과로 이어졌습니다. 그렇지만 그들의 애정사와 관련한 우리 사회의 시선은 그리 따뜻하지만은 않습니다. 자식들은 헤어지거나 돌아가신 분에 대한 기억 때문에, 그리고 재산 분할 같은 현실적 문제 때문에 남겨진 부모님의 '사랑'을 터부시합니다. 떠나보낸 분을 머릿속에 박제하고자 하는 주변 사람들의 바람 때문에 살아 있는 분이 글자 그대로 미망인未亡人으로, 아직 죽지 않은 사람으로 외롭게 남겨지는 것입니다.

이런 대중의 인식에 균열을 내줄 〈마녀사냥 시니어〉가 탄생한다면 어떨까요. 중장년층의 섹슈얼리티를 백안시하지 않고 당사자들이 성생활과 연애에 대해 터놓고 이야기하는 콘텐츠가 나온다면, 중장년층을 둘러싼 또 하나의 커다란 금기가 깨질 수 있지 않을까요?

성에 대한 금기를 다룬 〈마녀사냥〉이 인기를 끈 이유는 대다수의 선량한 젊은 친구들에게 면죄부를 주기 때문이었습니다. 순결을 강요하던 유교문화가 흔들린 지 오래되었지만 '누구나 하고 있는 것'에 대한 죄책감을 은연중에 강요하던 게 우리네 성문화였습니다. 과거 농업사회로 뭉쳐 살았던 우리 사회는 유독 끈끈함stickiness이 높은지라 남들의 시선에 민감하게 반응합니다. 그런데 〈마녀사냥〉은 '누구나 하는 것'이 잘못된 것이 아니라는 명백한 사실을 공론화해줌으로써 젊은 사람들에게 안온감을 주었습니다. 이것이 미디어의 역할 아닐까요. 유효기간이 지난 금기를 없애고 서로의 일상을 볼 수 있게 해줌으로써 우리에게 나 또한 남과 다르지 않다는 안도감을 주는 것 말이죠.

노년의 사랑을 그리고자 한 시도가 과거에도 없지는 않았지만 시기상조였는지, 대중의 호응을 얻지는 못했습니다. 2002년에 개봉한 〈죽어도 좋아〉는 76세 노인의 성과 사랑을 대담하게(?) 그린 영화입니다. 공원에서 만나 첫눈에 반해 곧장 동거에 들어간 후 뜨거운 밤을 보내는 노년 커플에 대해 누구는 '아름다운 로맨스'라 상찬했지만 누구는 '솔직히 토 나온다'고 말하기도 했습니다. 어찌됐든 젊은이들의 사랑에 익숙한 우리 사회에 작은 충격을 주었음은 분명한 사실입니다. '남이 하면 스캔들, 내가 하면 로맨스'라 했던가요. 타자에게는 인색하고 본인에게는 너그러운 우리의 모습이 투영되는 듯하기도 하지만, 그보다 역지사지가 이렇게 어려울 수 있다는 생각이 듭니다.

역지사지가 부족한 사회는 배려가 빈곤해집니다. 우리나라에서는 이것이 사회적 약자인 청소년과 노인의 자살률로 드러나

곤 합니다. 10~20대의 자살률이 OECD 국가 1위라는 것은 이미 잘 알려진 사실이지만, 노인의 10만 명당 자살률 또한 OECD 평균의 4배에 육박한다는 사실을 아는 이는 많지 않습니다. 더욱 끔찍한 사실은 은퇴 시점 이후인 55세부터 자살률이 급증하기 시작하여 평균수명의 종반부까지 가파르게 상승한다는 사실입니다.[32] 일본도 우리처럼 전체적인 자살률이 높지만, 55세 이후부터는 자살률 상승세가 꺾입니다. 그런데 한국은 나이 들수록 자살률이 더 높아집니다. 더욱이 한국 노인 남성의 경우 한국 여성 자살률의 두 배에 이르니 더 위험한 쪽은 남성입니다.

모든 죽음에는 각기 저마다의 가슴 아픈 사정이 있겠지만, 이렇게 통계적 이상치outlier에 해당하는 사회에 살고 있다면 우리 사회의 배려에 문제가 있다고밖에는 해석하기 어렵지 않을까요. 특히 은퇴 이후 나이와 함께 증가하는 자살률은, 생산에 기여하지 못하는 인간에 대해 우리 사회가 보여주는 태도가 인간human을 재화resource로 바라보는 비뚤어진 기업의 시선과 다르지 않음을 보여줍니다. 한쪽에서는 100세 시대를 문명발달의 선물처럼 떠받들면서 정작 당사자들은 생산성이 없어서 날이 갈수록 곤궁해지고, 결국 스스로 생을 마감하는 사회라면 과연 선진적이라 할 수 있을까요. 옛 몽골 기로국棄老國의 풍속에는 생산과 국방에 쓸모가 없어진 노인을 내다버리는 것이 있었다고 합니다. 이를 우리는 '고려장'이라 잘못 부르며 경멸했는데, 지금 우리 사회에서 벌어지는 일을 보면 옛 풍속을 비웃기는 쉽지 않을 듯합니다.

인간의 존엄은 쓸모에서 출발하지 않습니다. 우리가 타인을 배려하는 것은 공감empathy하기 때문이지 동정sympathy하기 때문이 아닙니다. 상대방이 경쟁력이나 재물이 부족해서 불쌍히 여기는 것이 아니라, 같은 인간이기에 공명共鳴하는 것입니다. 여러분이 운좋은 소수라면 재물의 부족은 면할 수 있을지 몰라도, 인간에게 주어진 운명의 불편한 진실을 피할 수는 없지 않은가요. 여러분과 저도 늙는다는 사실 말이죠. 생명을 영위하기 위한 최소의 조건인 '섭생'과 '주거'만으로 살아간다면 인간다움이 펼쳐지는 삶이라 말하기 어렵습니다. 생이 다하는 그날까지, 사람人 사이間의 정서가 배려받을 수 있는 사회가 되어야 하지 않을까요.

관찰하면 이해하고, 원하는 것을 줄 수 있다

아직은 경로사상이 남아 있는 사회인지라 노인을 위한 각종 사회적 배려 장치가 있긴 하지만, 노년의 삶이 팍팍하리라는 것은 한국에 사는 사람이라면 누구나 공감할 수밖에 없는 현실입

인간의 존엄은 쓸모에서 출발하지 않는다.
우리가 타인을 배려하는 것은
공감empathy하기 때문이지
동정sympathy하기 때문이 아니다.

니다. 그래서 국민연금이 언제 고갈될지에 대해 쌍심지를 켜고 따지고, 공무원 연금을 가지고 나라 전체가 시끄럽습니다. 아이들 학원 보내느라 노후 준비를 하지 못하는 성인이 절반을 넘고, 그나마 기댈 언덕이 국민연금뿐인 현실이니 당연한 관심이라고 해야 할까요. 지금의 출산율을 고려한다면 현재의 30~40대가 노년이 될 때는 상황이 더욱 어려워질 것임을 우리는 너무도 잘 알고 있습니다.

현실이 이러하기 때문에 노후는 단지 60~70대만의 이슈가 아니라 30~50대 전반의 관심사입니다. 관심이 있는 곳에 수요가 생긴다고 했으니, 노후에 대한 사회적 관심을 어떻게 비즈니스로 풀어갈 수 있는지 한번 생각해보죠. 앞으로 노후를 준비할 사람은 노후를 어떻게 생각할까요?

조사하면서 가장 먼저 발견한 사실은, 사람들이 '노후'라고 말할 때와 '은퇴'라고 말할 때, 또 '퇴직'이라고 할 때의 상황이 다르다는 것입니다. 기업 입장에서는 소비자와 커뮤니케이션할 때 어떤 단어를 쓸지도 중요합니다. 예컨대 사람들에게 '은퇴'는 내 단어가 아닙니다. 은퇴는 연예인들이 하는 것이고, 퇴직은 아버지나 시아버지가 은퇴하는 것입니다. '나 은퇴해'라는 말은 일반인들 사이에서는 잘 쓰이지 않습니다. 그나마 자신에 대해 적용하는 단어가 '노후'입니다.

노년에 접어들면서 나타나는 특징은 자녀에 대한 관심이 줄고, 친구가 더 중요해진다는 것입니다. 이런 흐름을 반영해 가족 같은 친구를 뜻하는 '프래밀리framily'라는 단어가 생기기도 했죠. 사실 이것은 노인들만의 이야기가 아닙니다. 우리 사회 전반에 걸쳐 친구가 중요해지고 있습니다. 사회 전체적으로 가족에 대한 관심이 떨어지면서 상대적으로 소셜미디어에서 꾸준히 늘어나는 키워드는 '내 방'입니다. 내 방에 대한 관심은 최근 35% 이상 급격히 증가했는데, 분화된 개인이 사생활을 위해 나만의 공간을 원하기 때문으로 풀이할 수 있습니다.

내 방에 들어오는 사람은 크게 가족과 친구입니다. 엄마는 '잔소리하고' '구박하는' 사람, 언니는 물건을 '빼앗아가는' 사람, 오빠는 '괴롭히는' 사람, 동생은 벌컥 '문을 여는' 사람, 그리고 마지막으로 아빠는 '쳐들어오는' 사람으로 인식됩니다. 사생활 보호 차원에서 본다면 가족은 한결같이 나만의 공간을 침해하는 사람들로 긍정적인 감성은 하나도 느껴지지 않습니다. 반면 친구는 내 방에 '놀러 오는' 사람으로 묘사됩니다. 우리나라뿐 아니라 다른 나라도 마찬가지입니다. 예전처럼 끈끈한 가족애가 형성되는 대신 친구가 중요해지고 있습니다.

친구와 함께 노년생활에 중요한 것이 여행입니다. 여행에 대한 로망에는 여행을 떠날 수 있는 '여유'도 내포돼 있습니다. 사람들이 노년에 바라는 여유는 사실 이 정도입니다. 부유한 노년이 아니라, 편하게 여행 갈 수 있고 손주들 용돈 줄 수 있을 정도의 여유를 바라는 것이죠. 만약 이런 줄 모르고 보험회사에서 '황금알을 낳는 노후보장' 같은 연금상품을 권하면 기대만큼의 성과를 거두지는 못할 것 같군요.

가장 재미있는 사실은 '노후'와 '노후 준비'는 엄연히 다른 말이며, 다른 상황에서 사용된다는 것입니다. '노후'는 날씨, 걷기, 휴식 등 일상생활을 둘러싼 키워드와 연관되거나 체중처럼 개인이 제어할 수 있는 문제와 연결해서 말합니다.

이에 반해 '노후 준비'와 가장 밀접하게 연관되는 것이 무엇인지 아십니까? 바로 '결혼'입니다. 사람들은 사랑하는 이를 만나 결혼해 나만의 가정을 이루면서 비로소 노후에 대해 진지하게 인식하기 시작합니다. 이때의 노후 준비는 자신들의 몇 십 년 후를 의미하기도 하지만, 양가 부모님의 노후 봉양을 뜻하기도 합니다. 부모님을 보살펴야 한다는 책임감이 몸으로 느껴지면서, 양가 부모님의 노후 준비에 대해 본격적으로 고민하기 시작합니다. 이 때문인지 노후 준비를 말할 때는 일자리, 맞벌이, 창업, 뒷바라지 등 경제적인 요소를 함께 언급하는 경우가 많습니다. 물론 책임감과 부담감 때문에 부부끼리 싸우기도 엄청 싸울 테죠.

'노후'와 '노후 준비'에 따라 떠올리는 장소도 다릅니다. 노후는 맛집이나 식당 등 일상과 연관된 공간과 어울리는 반면, 노후 준비는 은행처럼 금융과 관련된 장소, 또는 해외나 문화공간처럼 여가와 관련된 장소, 요양원이나 실버타운 같은 요양 관련 시설이 많이 나옵니다. '대기업'이라는 단어도 심심찮게 등장했는데, 이는 '내가 왕년에 말야~'로 시작되는 회상 장면에 많이 나오는 단어입니다.

이 중에서도 특기할 만한 단어가 두 개 있습니다. 하나는 '텃밭'으로, 손바닥만 한 땅이라도 있으면 어김없이 채소를 가꾸는 어르신들을 떠올리면 쉽게 이해될 겁니다. 텃밭은 가꾸기 어렵고 스트레스도 많지만, 기본적으로 아기자기한 재미와 즐거움을 가져다주는 여유로운 공간입니다. 노후 준비를 할 때, 텃밭은 걱정되기도 하지만 건강과 희망을 제공하고 안정감을 느끼게 해주며 노인들이 지혜를 발휘할 수 있는 공간으로 인식되고 있습니다. 다른 하나는 '놀이터'인데, 하릴없이 놀이터에 앉아 있는 노인들을 보며 '나는 늙어서 저렇게 되지 말아야지' 하고 다짐하는 장면에 주로 등장합니다. 좀 서글프군요.

이러한 관찰을 통해 무엇보다 젊은 사람들은 자신의 경제적 미래를 그리지 못할 정도로 비관하고 있다는 인식을 재확인했습니다. 그나마 노후 준비와 연관해서 생각할 때는 연금보험에 관심을 보였고, 본전치기도 어려운 형편이지만 아이가 없거나 아에 다 컸을 때는 그나마 한 번쯤 재테크에 대해 생각해본다는 점을 알게 되었습니다. 자녀를 키우는 동안에는 도통 다른 데 신경 쓸 경제적, 정신적 여유조차 없으니까요.

관찰을 통해 상대방을 이해하는 것은 매우 중요합니다. 기업이 원하는 R&D나 마케팅의 힌트를 얻는 것은 둘째 치고, 우선 내가 속하지 않은 상대방 집단에 대한 오해를 풀어주는 효과가 있습니다. 신입사원이 들어오면 상사들은 으레 '저 녀석은 행복할 것'이라고 지레 짐작합니다. 요즘처럼 실업난이 심각한 세상에 취업에 성공했으니 행복하지 않을 이유가 없다는 것이죠. 그러면서 막 굴립니다. 이렇게 고생하는 것도 감지덕지라는 듯이, 취업하기까지 죽을힘을 다한 사람이 마치 상사 본인이라도 되는 양 말입니다. 하지만 정작 신입들은 결코 행복하지 않다는 것을 관찰을 통해 알 수 있습니다.

상대방을 이해하게 되면 신입들의 고민을 '한가한 투정'이라 오해하는 기성세대의 선입견도 사라지지 않을까요? 이처럼 남편이 아내에 대해 모르는 것, 아내가 남편에 대해 모르는 것, 부모가 자녀에 대해, 젊은이들이 노인에 대해 몰랐던 것들을 이해하려면 그들의 삶을 관찰하고 함의를 해석하는 노력이 반드시 따라야 합니다.

노후 분석 프로젝트는 어느 보험회사의 의뢰로 시작했습니다. 결론은 이것이었습니다. 연금보험을 제안할 타깃은 아이가 없거나 아직 어린 신혼부부 또는 결혼을 앞둔 예비부부, 아니면 재테크를 하긴 해야겠는데 뭘 할지 몰라 갈팡질팡하는 사회초년생이라는 겁니다. 노후 걱정이 현실화되는 40대 이상을 대상으로 하면 잘될 것 같지만 그렇지 않다는 것이죠. 노후 대비에 가장 민감한 대상에게, 그들의 피부에 와 닿는 말로 풀어줘야 합니다. 즉 '은퇴'가 아니라 '노후'나 '미래'로, 그들이 원하는 '여유'가 주는 '매력'을 선사하겠다고 약속하는 겁니다.

이렇게 관찰하고 해석한다면 결혼시기에 가입하면 혜택을 주는 상품, 노후에 해외여행 기회를 주는 상품, 친구와 함께 가입하면 특전을 주는 상품을 권유할 수 있지 않을까요? 상대방을 관찰함으로써 그들의 고민과 희망을 이해하고, 그들이 원하는 것을 줄 수 있는 것입니다.

가치는 고민의 총량에서 나온다

누군가의 어려움을 알고 그들이 원하는 것을 배려하라는 말은 언뜻 한가한 소리처럼 들리지만, 사실 기업이 하는 모든 활동이자 그들이 지향해야 할 바입니다. 나아가 소비자를 어떻게 하면 잘 배려할 수 있는지는 기업의 핵심과제입니다. 이 어려운 과제를 수행하는 비결은 '가치'에 있습니다. 이 또한 빤한 말이라고요? 그러나 그 가치를 만들기까지의 과정을 생각하면 결코 빤하다고 가볍게 넘길 수 없습니다.

일례로 포화시장인 요식업계에서 고군분투하는 음식점들을 보죠. 저 또한 위기의 한국 중년 남자인 데다 아이들이 크면서 가족의 소중함을 알게 되고, 그래서 가급적 가족과 시간을 많이 보내려고 노력하고 있습니다. 일만 쫓던 예전에는 정신없이 사느라 외식 한 번 하기가 쉽지 않았습니다. 가족을 뜻하는 '식구'라는 말은 '먹을 식食', '입 구口'로 풀이됩니다. 말 그대로 늘 함께 밥을 먹어야 하는 사이이지만 각자의 일상이 바쁜 현대인들에게는 가족이 한 끼 온전히 함께하는 것도 만만치 않은 것이 사실입니다.

얼마 전에 모처럼 가족과 함께 외식한 장소는 예전에 해산물 뷔페 레스토랑이 있던 곳이었지만 최근 10여 개의 전문적인 식당이 모인 곳으로 바뀌었습니다. 한 식당이 수십 종의 메뉴를 제공하는 것으로는 날이 갈수록 전문화되는 사람들의 입맛을 따라잡기가 쉽지 않았던 듯합니다. 신발 등으로 시작한 편집숍이 이제는 요식업의 트렌드로도 떠오르고 있는 추세입니다.

여기서 주목할 것은 한 가지 메뉴를 오래한 집들이 점점 각광 받는다는 사실입니다. 일본 방송국의 우동 경진대회 1등을 거머 쥐었다는 곳에서부터 부대찌개의 원조집에 이르기까지, 전문적 으로 한 가지 음식을 수십 년간 한 결과로 얻게 되는 명성은 이 제 막 시작하는 사람 입장에서는 그야말로 속칭 '넘사벽'이 아닐 수 없습니다. 최근 빅데이터에서도 '맛집'과 '오래되다'는 서술어 의 연관 정도가 높아지고 있는 것이 관찰됩니다. 요리도 그렇지 만, 맛집으로 인정받기 위해서는 그만큼 '숙성'의 과정이 필요하 다는 것을 알 수 있습니다.

입맛은 가장 늦게 변하는 취향이라고 하죠. 다른 미적 기준과 다르게 직접 체득되는 것이어서, "당신이 어떤 것을 먹는지 알려 주면 당신이 어떤 사람인지 알려주겠다"는 어느 프랑스 미식가 의 말처럼 음식 취향을 보면 자란 환경이 짐작될 정도입니다. 그 러다 보니 먹는 것에만큼은 '대충'이 통하지 않습니다. 또 요즘 은 맛있는 음식에 대한 관심이 커지고 있기에 백화점에서 고객 을 끌기 위해 지방 유명 맛집의 분점들로 식당가를 채울 정도죠. 수요자와 공급자의 수준이 모두 높아지면서 입이 호강할 기회 는 점점 많아지는 셈입니다.

하지만 분점을 쉽게 내주는 본점은 많지 않습니다. 같은 이름 을 내건 분점의 품질이 나쁘면 본점까지 영향을 받게 될 것이 빤하기 때문입니다. 자신의 이름을 준다는 것은 그 결과물에 대해 책임을 진다는 것과 같습니다. 그래서 일본에서는 가업으로 내려오는 식당의 분점을 내려면 설거지부터 시작해서 요리에 이르기까지, 십수 년간의 수련을 빈틈없이 치러낸 후에야 가게의 이름이 적힌 포렴布簾을 받을 수 있다고 합니다.

따지고 보면 어떤 일이든 마찬가지 아니겠습니까. 10년의 세월을 오롯이 보내야 그 분야의 전문성을 가질 수 있습니다. 거꾸로 이야기하면 짧은 시간에 얻어낸 기술이나 노하우는 결코 전문성이라 부를 수 없다는 뜻입니다. 하나하나 손으로 해내고 많은 일을 겪어내며 고민하는 과정이 길어질수록 더 깊은 의미가 담긴 더 높은 수준의 결과를 만들어낼 수 있고, 똑똑한 대중은 그 결과를 체험하고 감탄합니다.

결국 대중은 우리가 보낸 시간과 고민의 총량에 비례하여 사랑을 되돌려주는 것이라 할 수 있습니다. 이 점을 이해하는 것이 중요합니다. 여러분이 어떤 일을 할 때 '고민'이 아니라 '행위'에 대해 보상받는다면 시간당 임금에 함몰돼버립니다. 삽질 1000번 하면 얼마 하는 식으로요. 그나마 지금은 임금이 싼 나라로 이런 노동이 옮겨가기 때문에 경쟁할 수도 없습니다. 다른 식의 경쟁력을 찾아야 합니다.

그런데 우리는 여전히 이런 구도에 사로잡힐 때가 많습니다.

그래서 툭하면 애플 나쁘다고 욕하지 않습니까. 우리나라 신문에서 특히 많이 보이는 비판인데, 팍스콘에서 아이폰 만드는 비용은 부품가를 다 합해도 200달러가 채 안 되는데 판매가는 750달러나 매겨서 550달러는 거저먹으니 애플이 나쁘다는 말입니다. 부품을 분해했더니 반도체가 얼마이고 다른 부품은 또 얼마라며 시시콜콜 따집니다.

사람들이 사는 게 아이폰에 들어간 반도체인가요? 우리는 아이폰의 원가를 사는 게 아니라 아이폰의 설계를 삽니다. 즉 애플이 한 고민의 총량을 사는 겁니다. 고민을 많이 할수록 고민의 총량이 부가가치로 전환됩니다. 이 말은 곧 고민을 적게 하고 일을 쉽게 하면 가져갈 게 없다는 뜻입니다. 한 게 없으니까요. 따라서 고민의 총량을 늘려야 합니다.

판매를 떠나서, 제품은 제품을 사는 사람에게 가치를 줘야 합니다. 이를테면 선물 같은 것이죠. 선물은 받는 사람이 가격을 몰라야 하고, 기왕이면 비싸 보여야 합니다. 백화점에서 선물을 사면 별도로 부탁한 멋진 포장이 2만 원이나 하는 이유가 이것입니다. 여러분이 하는 일을 보고 누군가 '이거 얼마게? 기껏해야 원가가 5달러 할걸?'이라고 반응하게 해서는 안 됩니다. 비싸 보이는 선물로 만들어야 합니다.

선물을 잘하려면 조건이 있습니다. 상대방에 대해 잘 알아야 합니다. 담배 피우지 않는 사람에게 라이터를 주면 선물이 아니지요. 상대방이 원하지 않는 것을 주면서 선물이라고 하면 안 됩니다.

우리 주위에서 이런 일들은 얼마든지 목격할 수 있습니다. 회사에서 가장 단적으로 드러나는 것이 회식입니다. 말도 많고 탈도 많은 회식이 요즘 한풀 꺾였다고 하지만, 부장님이 소집하는 비공식적 '번개'는 여전히 남아 있습니다. 회사에서 점심을 먹고 나면 오후 2시 경부터 인근에서 직장을 다니는 학교 동기나 친구들이 번개 공지를 띄웁니다. '오늘 저녁 명동, 우리 동기들 7시' 같은 번개 모임들은 대개 3시면 확정됩니다. 그런데 퇴근을 앞둔 시각, 부장님이 '오늘 맥주 한잔 어때?'라는 명령 같은 권유를 합니다. 어쩔 수 없이 친구들에게 불참 메시지를 보내야 할 상황인데, 이는 동기들에게 내가 다니는 회사가 얼마나 전근대적인지 자백하게 만드는 원흉입니다. 그날 저녁 친구들은 나에 대한 연민을 안주삼아, 자신이 다니는 회사에 대해 위안을 느끼며 모임을 하겠죠. 부장님 본인은 회삿돈으로(이 점이 숨은 핵심이죠) 직원들의 고충도 듣고 사기도 진작시킬 마음이겠지만, 당사자들이 원하지 않는데 무슨 직원복지이고 사기진작인가요. 더욱이 마음 편하게 빠질 자유조차 없다면 말입니다. 다행스럽게도 이 또한

주 52시간제에 의해 조금씩 '과거의 그림'이 되겠군요. 부장님 입장에선 새로운 사기진작 방법이 필요해 보입니다.

선물 같지 않은 강제적 회식문화가 지금만의 일은 아닌 듯합니다. 1604년 선조 임금이 임진왜란에 공을 세운 신하 63명을 불러 함께한 공신회맹제는 태평회맹도太平會盟圖라는 그림으로 남아 있습니다. 그림에는 참석자의 직함과 생년월일까지 함께 기록되었으니 오늘날로 치면 직급과 주민번호 앞자리가 사진에 태깅된 셈입니다.

그날 회맹은 10월 27일 밤 11시부터 28일 새벽 4시까지 5시간 동안 이뤄졌다고 하니 요즘 기준으로 보면 3~4차쯤 진행한 시간대가 됩니다. 이 그림은 회맹 후에 모든 참석자들에게 하나씩 보내졌다고 합니다. 말하자면 회식 사진을 인화해서 모든 사람들에게 보내준 것인데, 요즘 같으면 실시간으로 카톡 단톡창에 올리거나 (정말 싫겠지만!) 회사 사람들이 나의 페이스북에 태깅되어 보이는 셈입니다.[33]

흥미로운 것은 이 와중에 5명이 불참했다는 것입니다. 그중에는 그 유명한 서애 유성룡도 포함돼 있습니다. 그림에는 불참 사유로 병이 들었거나 상중이라고 적혀 있지만, 막상 유성룡의 《서애문집》에는 본인이 거절한 것으로 기록돼 있습니다. 최고 공신이 참석을 거절했으니 회식을 주최한 선조 입장에서는 왕

권의 실추를 확인하는 자리가 된 셈이네요. 아무리 절대권력이 있던 왕이라도 상대방에 대한 배려가 부족하면 선물을 주고도 망신을 살 수 있습니다. 그러니 상대가 좋아할 것이라고 섣불리 넘겨짚지 말아야 합니다.

관찰하고, 그를 위해 고민을 끝까지 할 때 부가가치가 극대화됩니다. 그러니 더 오래, 더 천천히, 그리고 더 깊게 고민하시기 바랍니다. 단순히 얼마나 많이 팔지 고민하던 생각의 프레임을 사람들이 무엇을 원하고 어떻게 그것을 충족시킬지로 옮겨가야 합니다. 선물을 하겠다는 마음으로 고민을 시작하면 좋겠습니다.

그런 입장에서는 빅데이터가 굉장히 쓸모 있는 수단이 됩니다. 빅데이터로 분석해서 사람들이 뭘 원하는지 알고 진정한 가치를 제공할 수 있는 제품을 만든다면 기업의 가치로 곧장 연결될 겁니다.

부장님도 직원들에게 회식을 권하고 싶으면 아무리 늦어도 전날 의사를 물어야 합니다. 피치 못할 사정으로 당일 일정을 공지해야 한다면 최소한 오전에라도 말해줘야 직원들을 배려할 수 있습니다. 부장님이 이를 모르고 당일 오후에 말한다면 무지한 것이고, 알고 말한다면 사악한 겁니다. 어느 경우라도 나쁘다는 말이죠.

가치를 주면 판매는 저절로 따라온다

이렇게 말하는 저도 물론 모르지는 않습니다. 판매를 떠나서 가치를 줘야 한다는 말은 멋있죠. 이 말이 멋있는 것은 대부분의 사람이 못하기 때문이라는 것도 압니다. 여러분은 판매를 떠나서 생각할 수 있습니까? 저 또한 회사에 소속된 몸이라 판매에서 온전히 자유롭지는 못합니다. 판매를 앞세우지 않고 가치를 고민하겠다는 결단은 오너 경영자가 아니면 자유롭게 하기 힘든 것도 사실입니다. 오너 경영자들의 처신이 이런저런 구설수로 도마에 오르곤 하지만, 그럼에도 오너 경영이 기업을 한 단계 발전시키는 주요 방안으로 인정되어온 이유가 여기에 있습니다. 예컨대 어느 신용카드사는 큰 규모의 콘서트를 계속해서 성공적으로 해오고 있는데, 이는 CEO가 오너 일가이니 가능한 일이라는 시각이 있죠.

일반적인 전문경영인 체제라면 이런 행사가 두 번 이어지기 어렵습니다. 콘서트 몇 번 한다고 해서 기업 실적에 즉각적인 도움이 되는지 확인하기는 쉽지 않은데, 고용된 CEO가 어떻게 또 하자고 하겠습니까. 기업의 무형자산을 만드는 것은 매우 중요하지만 거기에 3년이나 예산을 집행하기란 결코 쉽지 않습니다. CEO조차 판매를 떠날 수 없다는 말입니다. 무형자산을 만들기는커녕 어떤 CEO들은 연말에 밀어내기 세일을 합니다. 판매목표에서 100억이 모자라면 당장 자신이 잘리게 생겼으니 헐값에 제품을 풀어버립니다. 아랫돌을 빼서 윗돌에 괴는 격이죠.

회사에서 이런 일 많이 겪어본 분들도 있을 겁니다. 이런 식의 밀어내기를 할수록 기업의 자산은 망가집니다. 개인적으로 KBS의 창업 오디션 프로그램인 〈황금의 펜타곤〉에 심사위원으로 활동하면서 벤처캐피털리스트를 만날 기회가 많았습니다. 그들에게 벤처 투자의 기준이 무엇이냐고 물어보니 흥미롭게도 'CEO의 인격이 훌륭하면 투자한다'는 대답이 돌아오더군요. 그들은 아는 거죠. 비즈니스 모델이 아무리 훌륭해도 그것대로 실현되기는 어렵다는 것을요. 불가피하게 계획을 수정해서 맞춰나갈 수밖에 없습니다. 타깃도 바꾸고 전략도 바꾸고 필요하면 상품도 바꾸는 지난한 과정이 뒤따르는데, 이때 CEO가 사람들에게 가치를 주려는 마음이 강하다면 지속 가능하겠지만, 돈만 생각하는 사람이 경영하면 나쁜 방법이 동원되고 결국 실패한다는 것입니다. 최근 CSR이 기업의 화두인데, 저는 극단적으로 CSR 하지 말라고 합니다. 사람을 위하는 마음이 있으면 CSR이 왜 필요하겠습니까. 수단방법 안 가리고 돈을 버니까 새삼스레 CSR이 필요한 것 아닌가요. 지속 가능한 비즈니스를 하려는 경영자라면 장기적인 가치를 포기하지 말아야 합니다.

판매는 목표가 아니라, 훌륭한 성과를 내면 받는 트로피 같은 것입니다. 가치를 주면 판매는 저절로 따라옵니다. 그런데 가치를 주지 않고 판매만 독려하면 매출은 생기지만 이익은 줄고 미래가 사라집니다.

강연을 하면 간혹 자기네 사업을 도와달라고 하는 기업이 있습니다. 특히 중소기업에서는 자체적인 데이터 분석을 하기 힘드니 종종 연락이 오는데, 그들에게 사업내용과 함께 비전을 물으면 숫자로 말하는 경우가 있습니다. '5000억'이 비전이라는 건데요, 자기네 기업의 존재 목적이 5000억 달성이라는 말과 조금도 다르지 않습니다. 극단적으로 말하면 '돈만 된다면 옳지 않은 일도 하겠다'는 말과도 다를 바 없습니다. 큰일 날 소리 아닌가요. 내가 가고자 하는 방향이 있고 그것을 성취하는 과정에서 트로피처럼 돈이 생기는 것이지, 돈이 목적이면 상대방에게 좋지 않은 것도 팔 것 아닙니까. 어렵더라도 판매가 아니라 가치를 목적으로 삼아야 합니다.

외국의 기업들과 비교할 때 한국 기업들의 특징 중 하나는 R&D 기반이 강하다는 점입니다. 얼마 전까지 싸고 좋은 제품을 만들면 시장에서 알아서 팔리던 시절이었기에 그런지, 마케팅보다는 제품개발에 무게중심이 실리는 듯합니다. 특히 첨단기술에 대한 열망이 강해서, 기업 R&D 파트에 가면 화학공학, 기계공학, 전자공학 등 제품개발에 직접 관련된 분야의 인재들이 수두룩합니다. 이들이 첨단 기술을 총동원해 신제품을 만들면 그다음에 마케팅팀이 들어와서 판매대책을 세웁니다.

그런데 시장의 트렌드가 이 신제품과는 전혀 다른 방향으로 흐르고 있다면 어떻게 될까요? 첨단제품도 한순간에 무용지물이 돼버립니다. 제품을 만들기 전에 수요가 먼저인데, 그것을 예측하지 않았기 때문이죠. 소비되는 제품이 먼저가 아니라 소비하는 사람의 욕망이 먼저입니다. 따라서 기계보다 사람을 먼저 이해해야 합니다.

그래서 최근 많은 기업들이 상품기획 파트에 공학 전공자가 아닌 사람들을 끌어들이기 시작했습니다. 큰 기업인 삼성이 먼저 움직이고 있고, 저 또한 그들에게 가능한 한 인문학자나 데이터 분석가들과 함께 일하라고 계속 말하고 있습니다. 아마 다른 기업들도 이와 비슷한 시도를 하고 있을 겁니다. 기존의 개발자들이 이런 사람들의 말을 얼마나 받아들이느냐의 문제가 있긴 하지만요. 기계에 고착된 시야는 사람을 보는 시야를 이길 수 없다는 사실을 알아야 합니다.

단적인 예가 애플 아닌가요. 애플의 인간중심적 감수성은 단순히 미려한 서체 등에 한정되지 않습니다. 저는 맥북을 4대째 쓰고 있는데, 도대체 다른 데로 도망갈 수가 없습니다. 제품 자체가 기막히게 훌륭해서라기보다는 우선 편리해서입니다. 하나 사서 버튼 한 번 누르면 알아서 다 세팅해주고 지난 수년간의 메일 2만 개를 한 번에 옮겨주니 번거로울 게 없습니다. 게다가 제가 사용하는 아이폰과 연동되니 사용하지 않을 도리가 없더군요. 아마 별일 없으면 앞으로도 저는 맥북을 사용하게 될 겁니다. 이쯤 되면 제 경험은 애플 제품에 고착화돼 가격은 큰 의미가 없어집니다. 비록 저는 애플 추종자가 아니지만 남들 눈에는 충분히 '애플빠'로 보일 정도가 된 거죠.

이처럼 나의 제품을 영원히 사용하게 하려면 기계 하나하나를 말하지 말고, 사용자의 종합적인 경험을 고려하고 거기에 그 사람의 인생을 담아야 합니다. 그런데 이런 말을 하면 '애플? 그건 대기업 얘기지, 우리 회사는 안 돼'라고 하는 분들이 있습니다. 자신은 부품 만들어 납품하느라 단가 맞추기에 급급한데 사용자 경험이나 가치가 무슨 소용이냐는 겁니다.

이야기를 들어보면 그렇게 생각하는 것도 이해가 됩니다. 매출이 수백, 수천 억씩 하는 중견기업 중에는 의외로 대기업 한 곳에만 납품하는 회사들이 적지 않습니다. 이들에게는 이노베이션이랄 게 없습니다. 오로지 품질과 단가만 신경 쓸 뿐, 고객사가 주문하면 그걸 주면 되니 굳이 브랜드를 알릴 생각도 하지 않습니다. 규모를 키워서 한 개의 마진으로 계속 먹고 사는 구조로 나가니, 아무리 견실하다 한들 회사의 명줄을 상대가 쥐고 있는 셈입니다. 그 고객사가 주문을 줄이면 하루아침에 어려워지는 구조죠.

반면 팍스콘 같은 기업은 애플이라는 거대한 고객사가 있지만 그들에게만 기대서 기업활동을 영위하지 않습니다. 팍스콘의 매출 중 애플에서 나오는 건 40% 정도이고 나머지는 델, HP 등으로 분산돼 있다 합니다. 어쩌다 보니 납품처가 늘어난 것이 아니라, 애플에게 목을 졸리면 죽을 수 있으니 처음부터 전략적으로 분산시킨 겁니다. 한국의 많은 하청기업들이 이것을 못하고 있습니다. 그런 분들은 제가 브랜딩에 대해 말하면 호사스럽고 한가한 이야기라고 합니다. 그러나 단가로 승부하는 업종이라도 인간을 이해하면 브랜딩을 할 수 있습니다. 그게 된다는 것을 지금부터 보여드리겠습니다.

여기 설탕이 있습니다. 설탕은 기초 자재라서 변화가 적다고 생각하기 쉽죠. 우리나라에서 좋은 직장으로 꼽히는 업종에 통신, 정유, 금융이 있는데, 공통점이 있다면 모두 정부가 관리한다는 것입니다. 오래된 경제학 이론에 따르면, 특정 산업이 독과점이 되어 관리하는 관청이 생기면 결탁하게 돼 있다고 합니다. 어떤 분야에 대한 엄정한 관리가 좀처럼 쉬운 일이 아니라는 말이죠.

이러한 산업은 독과점 사업인 데다 가격이 정해져 있으니 당장은 일하기 편할지 모릅니다. 그러나 이런 곳에 오래 있으면 다른 곳에 가지 못합니다. 내가 잘해서 돈을 버는 게 아니라 돈이 저절로 벌리니, 시간이 지나면서 나도 모르게 돈 버는 법을 까먹거든요. 그러다 갑자기 밀려나면 먹고 살 길이 막막해서 살벌한 창업전선에 무모하게 뛰어들었다가 쓴맛을 보는 겁니다. 그러니 잊지 마십시오. 지금 좋은 직장이 결코 좋은 직장이 아닙니다. 옛날에야 평균수명이 짧아서 정년퇴직하고 여생餘生이 10년 남짓이었지만 지금은 짧게 잡아도 30년을 훌쩍 넘기니 제2의 인생을 준비해야 합니다. 그러려면 돈 버는 감각을 계속 유지해야 하는데, 좋은 직장일수록 나를 무장해제시킵니다. 지금 당장 편한 직장은 길게 보았을 때 결코 유리하지 않습니다.

하여튼 설탕 산업도 독과점이라 정부가 보호합니다. 그러면 R&D가 필요 없을 것 같지만, 천만의 말씀입니다. 보호받는 산업이지만 설탕을 먹는 사람들을 이해하면 부가가치를 키워나갈 수 있습니다.

사람들은 설탕을 언급하면서 '달다', '음식', '요리', '재료' 등을 함께 말합니다. 즉 사람들 인식에 설탕은 음식 재료의 하나입니다. 그런데 여기에 '커피'가 결합되면 새로운 종류가 생겨납니다. 네, 바로 각설탕입니다. 재미있는 것은 '각' 한 글자가 붙는 순간 가격이 4배 넘게 뛴다는 사실입니다. 발화 상황도 달라집니다.

설탕은 요리 레시피였지만 각설탕은 '커피', '홍차', '마시다' 등의 단어와 함께 나타납니다. 성분도 똑같이 설탕 100%이고, 심지어 제조사도 같은데 작은 차이를 줌으로써 사람들의 머릿속에 다른 의미로 각인되는 것이죠.

설탕이 아니라 나사라고 이와 다를까요? 똑같은 나사를 보더라도 '연결물'이라는 사용자의 효용을 생각한다면 다른 가치를 만들 수 있지 않을까요?

한 걸음 더 가볼까요. 일명 '다방커피'의 레시피는 자고로 '둘둘둘'입니다. 이때는 100g에 104원 하는 가루설탕이 들어갑니다. 반면 크림을 빼고 집에서 어머니가 우아하게 타 마시는 커피에는 각설탕이 쓰입니다. 100g에 461원. 그런데 요즘에는 각설탕이 정육면체를 탈피해 하트 모양도 나오고 찻주전자 모양도 나옵니다. 이 설탕은 100g에 2600원이 넘습니다. 이 정도 되면 같은 설탕이라 하기도 어렵습니다.

물론 성분과 공법의 세계에 사는 사람들 눈에는 다 똑같은 설탕이며, 이것을 25배 가격을 주고 수입까지 해가며 먹는 이들이 이해되지 않을 겁니다. 그러나 잘 팔리고 있잖습니까. 언제 어디서 어떤 상황에 쓰이느냐에 따라 가치가 달라집니다. 한마디로 '의미'의 차이라는 것입니다. 이것을 이해하지 못하면 남들과 똑같이 일하고도 절반은커녕 25분의 1의 가치밖에 가져가지 못합니다. 애초에 사람들에게 제공한 가치가 그것밖에 안 되기 때문입니다.

내친 김에 더 가보죠. 설탕을 녹이면 사탕이 됩니다. 설탕은 내가 먹는 것이지만, 사탕은 선물이 됩니다. 이 사탕에도 레벨이 있습니다. 할머니가 드시던 것은 알사탕이고, 군대에서 먹는 것은 건빵 속 별사탕입니다. 막대사탕은 어린이집 선물로도 쓰이고 화이트데이 꽃다발이 되기도 하는 등, 어엿한 선물 노릇을 합니다.

이 정도만 해도 몇 만 원의 부가가치가 붙지만 진짜 비싼 것은 따로 있습니다. 프랑스에서 온 아라흐노미A La Renommee라는 캔디 이름을 들어보셨는지요? 봉떼Bonte 캔디 시리즈의 하나로, 200g 한 상자가 1만 8000원입니다. 가루설탕 가격의 90배군요. 그런데도 없어서 못 판다고 합니다. 이 사탕을 파는 웹사이트에 가보면 대부분 '일시 수급 불능' 상태이고, 1년에 몇 번 운이 좋으면 겨우 주문할 수 있습니다. 그런데 흥미롭게도 시리즈 제품 중 6개가 품절인 와중에 유독 5000원짜리 한 가지는 언제나 재고가 있습니다. 마치 다른 걸 못 팔아서 미안하니 이거라도 사라는 것 같습니다. 5000원짜리 사탕도 훌륭해 보이므로 사람들은 아쉬운 대로 그걸 삽니다. 재미있지 않나요? 이것도 결코 싼 제품이 아닌데 왠지 저렴하게 느껴집니다. 인식의 닻anchor을 1만 8000원짜리에 드리웠기 때문이죠.

팔지 마라, 배려하라

어쩌면 이것이 이 책의 결론인지도 모르겠습니다. 팔려고 하지 마십시오. 그러면 팔 수 있습니다. 반대로 팔려고 하면 못 팝니다. 이유는 두 가지입니다.

첫째, 희귀해야 가치를 유지할 수 있습니다.

예컨대 봉떼 캔디의 자기소개를 보면 '서부 프랑스에 본사를 둔 고급 캔디 제조업체로 150여 년의 가업을 이어가고' 있다고 합니다. 전통 있는 가족기업답게 이들은 '정통성과 품질이란 가치를 지키기 위해 일부 공정은 수작업'을 고집하고 있다는군요. 한마디로 많이 못 만든다는 말입니다. 이런 설명을 듣고 있으면 매번 품절사태를 빚는다고 소비자가 항의할 수도 없습니다. 품질 유지를 위해서라는데 어쩌겠습니까.

봉떼 캔디 이야기를 들으면 어떤 마케팅이 떠오르는지요? 그렇죠, 럭셔리 제품의 전략과 똑같습니다. 에르메스 버킨백을 사려면 기존에 에르메스에서 2만 달러 이상 결제한 구매기록이 있어야 합니다. 자격을 획득한 자는 2년 반쯤 기다려서 2500만 원 넘는 금액을 내고 백을 받습니다. 일반 서민들이 보기에는 어이없는 행태이지만, 그들이 사는 이유는 분명합니다. 에르메스 버킨백을 들고 있으면 그 사람은 최소한 2년 전부터 부자였다는 뜻입니다. 즉 지위재라는 것이죠.

이 점을 잘 아는 에르메스는 결코 제품을 흔하게 만들지 않습니다. 그들은 많이 만들고 싶지만 장인匠人이 많지 않아서 생산량이 적다고 합니다. 과연 그럴까요? 고가의 제품을 일부러 팔지 않으면서 희귀하게 만드는 겁니다. 그래야 명품의 지위를 유지할 수 있기 때문이죠. 페라리는 더합니다. 2012년에 생산된 페라리는 7300여 대인데, 그 뒤로는 한 해에 7000대를 넘기지 않겠다고 공표했습니다. 브랜드 가치를 높이기 위해 더 안 팔겠다는 겁니다. 놀라운 것은 그다음부터 매출이 더 올랐다는 사실입니다. 판매단가가 올라갔기 때문이죠.

이런 이야기를 들으면 박리다매는 더 이상 현명한 전략 같지 않습니다. 업종과 상황에 따라 차이는 있겠지만, 판매자 입장에서는 사실이기도 합니다. 노동을 많이 해야 하는 데다 생산설비를 늘리느라 리스크가 커지기 때문입니다. 많이 팔고 적게 남기는 것은 이제 우리가 아니라 중국 기업의 전략이 되었습니다. 심지어 이제는 중국 기업도 프리미엄을 지향합니다. 그러니 무작정 규모를 키우고 많이 팔려고 할 것이 아니라, 어떻게 하면 마진을 남길지 고민해야 합니다.

특히 섣부른 자동화는 업종에 따라서는 재앙이 될 수 있습니다. 자동화의 첫 번째 결과는 가격하락, 즉 상품의 가치하락이고, 마지막은 인간소외입니다. 이를 알기에 사탕을 만드는 회사도 수작업을 고집하지 않습니까. 빅데이터 분석을 할 때에도 거대한 시스템을 돌려 데이터를 뽑아내고 보고서도 쓰지만, 최종 통찰을 끌어내는 것은 사람입니다. 사람의 통찰과 정성을 담아야 높은 수준의 가치가 나오고, 그래야 소비자가 상품을 귀하게 여깁니다.

팔지 말아야 하는 두 번째 이유는, 우리 비즈니스의 목적은 판매가 아니라 배려에 있기 때문입니다.

제가 하는 일을 한마디로 설명하면, 수많은 사람들을 보는 것입니다. 데이터의 형태로 사람들의 온갖 면을 보고 나면 사람들을 이해할 수 있습니다. 이해하고 나면 무엇을 할까요? 이 지점에서 CRM과 갈립니다. '이거 샀어? 그럼 저것도 사. 왜냐면 당신과 똑같은 프로파일을 가진 사람이 저것도 샀거든'이라고 제안하는 것이 CRM입니다. 막스앤스펜서에서 기저귀 산 사람이 맥주도 사더라는 전설 같은 이야기처럼, 비슷한 프로파일을 가진 사람들은 비슷한 행동을 할 것으로 예측되기 때문에 구매를 권유합니다.

하지만 저는 오히려 '이거 사려고? 사지 마. 당신에게 안 좋아. 그것 말고 저걸 사'라고 제안해야 한다고 봅니다. 필요하다면 심지어 옆 가게 물건을 사라고까지 해야 합니다. 그러면 상대방은 당연히 고마워하겠죠. 즉 우리가 데이터를 분석해서 사람을 이해하려는 목적은 판매가 아닌 배려여야 합니다. 배려하면 잘됩니다. 은행의 PB가 고객에게 상품을 강권하지 않고, 한 술 더 떠서 가입을 말린다고 해보십시오. '회사에서는 많이 팔라고 하지만 이 상품은 당신에게 안 맞는 것 같다'고 하면 그때부터 여러분을 믿고 펀드를 살 겁니다.

반면 시도 때도 없이 쫓아가서 펀드 사달라고 조르면 믿음이 생기지 않습니다. 상대방을 위해 'No'를 말할 때 신뢰가 쌓이고 롱런할 수 있습니다. 고객의 사정이 좋아지면 자연스럽게 나의 매출도 오르는 것이지, 고객의 주머니를 털어 나만 돈 벌 수는 없습니다. 두 번 당하는 고객은 없습니다.

이제는 일상화된 '직구' 열풍 또한 속내를 들여다보면 앉아서 '호갱'이 되지 않겠다는 일종의 방어심리가 들어 있습니다. 스마트폰 직구와 관련해 많이 나타나는 단어에 '해지방어'가 있습니다. 서비스를 해지하겠다고 하면 통신사에서 고객 이탈을 막으려고 이런 저런 혜택을 줍니다. 이런 경험담을 들으면 누구나 이런 생각이 듭니다.

'가만있는 게 바보네?'

조금만 부지런히 움직이거나 '밀당'을 하면 더 좋은 조건으로 살 수 있으니 말이죠. 뒤늦게 혜택을 본 사람도 씁쓸하기는 마찬가지입니다. '지금까지 난 바보로 살았네?' 하며 본전 생각이 듭니다. 이런 떨떠름한 분노를 단적으로 보여주는 단어가 '호갱'입니다. '호갱'들의 분노는 2014년 단말기유통법의 파행으로 표면화되었지만, 이는 비단 스마트폰에 한정된 것이 아닙니다. 국산 자동차가 국내에서 오히려 더 비싸다는 얘기를 들을 때마다 한 번씩 울분을 느끼지 않나요?

고객인 줄 알았는데 호구로 살았다는 각성 혹은 자격지심은 해외 직구로 이어집니다. 기존의 해외 직구 물품은 주로 유아용품이나 패션 관련 제품들이었습니다. 일본 기저귀가 좋다는데 국내에서 구할 방법이 마땅치 않으니 어쩔 수 없이 직구를 하거나 독특한 옷을 입고 싶어서 해외에서 공수했지만, 이제는 그런 실용적인 이유 때문만이 아닙니다. 그동안은 방법도 모르고 귀찮기도 해서 국내 유통업체를 통해 물건을 사던 사람들이, 더 이상 앉아서 당하고 있지만은 않겠다고 결심한 것이라 보아야 합니다. 그래서 딱히 싸지도 않고 오래 기다려야 하는 직구를 감행합니다.

오죽하면 이제는 TV도 해외에서 삽니다. 국내에 세계적인 TV 브랜드가 이미 있고 해외에서 배송하면 고장의 위험이 있는데도 굳이 해외에서 삽니다. 이런 위험마저 감수할 만큼 열 받았다는 것이죠. 이러다가 자동차까지 직구한다고 할지도 모를 일입니다. 소비자들이 통 크게 배 한 척 세내어 해외 자동차 '공구'를 하게 될 날이 올지 모르겠군요.

기업은 직구 열풍에 도사린 소비자들의 분노를 읽어야 합니다. 이것을 두고 정부기관에서는 '국민들이 이렇게 국가인식이 없어서야 되겠냐'며 혀를 찬다는데, 그들의 현실인식 수준이야말로 혀를 찰 일입니다. "가격표 앞에 애국심 없다" 같은 기사에 '해외 사이트까지 뒤져가며 LG, 삼성 TV 사겠다는데 이만 한 애국이 어딨냐'라는 명문장(?)이 댓글로 달리고 있는데 무슨 말입니까.

결국 관건은 무엇일까요? 배려하라는 것입니다. 사람들의 마인드를 읽고 배려해야 합니다. 데이터를 볼 때도 단순히 그 안에 나타난 패턴만 해석할 것이 아니라 사람들의 마음을 봐야 합니다. 상대의 마음을 알아야 그를 도와줄 수 있으니까요.

이것을 알면 두 가지가 좋아집니다. 우선 성과가 좋아집니다. 상대방이 여러분을 좋아하게 되니까 그럴 수밖에 없습니다. 두 번째는 내 인생이 은혜로워집니다. 갑자기 복음 같은 말을 꺼내서 이상하지만, 사실입니다. 어렵게 입사해서 돈 때문에 죽지 못해 다닌다고 한다면 인생이 너무 가엾지 않은가요. 그런데 나의 행위가 타자를 위한 것이라고 생각하게 되면 내 인생에 당위성이 생깁니다. 나를 위해서가 아니라 남을 위한 것으로 생각하는 순간, 내 삶이 순리 위로 올라갑니다.

요즈음 마케팅에도 배려는 적극적으로 반영됩니다. 카페에서 노트북 컴퓨터를 놓고 공부하거나 업무를 보는 손님들에게 전기를 제공하는 것도 손익에 앞선 배려의 마음이라 할 수 있습니다. 최근에는 사정이 어려운 손님을 위해 미리 커피 값을 두 배로 지불하는 이들도 있습니다. 그 마음 또한 배려죠.

앞에서 다룬 사례에서도 기업의 배려를 찾아볼 수 있습니다. 요즘 싱글들의 삶을 보면 그야말로 하루하루가 전쟁입니다. 여러 명이 가족을 이룬 과거에는 가족 내에서 나름의 분업이 이루어졌습니다. 예컨대 요리와 살림은 전업주부가 맡고 청소와 심부름은 아이들이, 그리고 부양의 책무는 남편이 수행했습니다. 그러나 지금의 1인가구에서는 이 모든 일을 혼자 해야 하니 일상의 사소한 일처리도 부담스럽고 버겁습니다. 그러다 보니 싱글의 고충을 덜어주는 산업이 떠오르기 시작했습니다. 기본적인 요리도 하기 힘든 이들을 위해 HMR^{Home Meal Replacement}이 나온 지 오래입니다. 소비하는 음식 형태가 달라지면 집 안 냉장고의 구성이 바뀌게 됩니다. 전통적인 신선식품과 요리 재료가 아니라 HMR을 보관하거나, 음료와 화장품을 보관하는 목적으로 냉장고가 사용됩니다. 예전에 주부들에게 각광받았던 싱싱고 같은 분리된 공간은 사라지고, 팩에 넣은 반조리 상태의 음식이나 엄마에게 얻어온 밑반찬 등이 장기 숙성되는 형태로 내부 구성이 바뀌게 됩니다.

여기에 음식물 쓰레기를 처리하는 문제가 결합됩니다. 일에 치여 밤늦게 들어오는 싱글들에게는 밤마다 음식물 쓰레기를 버리는 것도 일이죠. 주거형태에 따라서는 매일 처리하기 어려운 경우도 있고요. 그리하여 싱글들의 삶의 지혜로 공유되는 것 중 하나가 음식물 쓰레기를 비닐봉지에 담아서 냉동실에 얼렸다가 처리하는 방식입니다. 상온에 방치했다가 부패하면 그 냄새가 집 안에 가득 차니 냉동실에 보관하다가 때가 되면 처리한다는 것입니다. 어르신들이 들으면 기겁할 이야기이지만 그들 입장에서는 혼자서 온갖 일을 해야 하는지라 이런 생활의 지혜도 소중합니다.

하지만 여기에도 위생상의 문제가 발생합니다. 일단 부패하기 시작한 음식에서 나온 기체는 아직 부패하지 않은 음식물에 좋지 않은 영향을 줍니다. 썩은 사과 하나가 상자 안의 사과를 모두 부패시키는 것과 같은 이치죠. 따라서 냉동실일지라도 음식물 쓰레기를 일반 음식물과 함께 보관하는 것은 여전히 께름칙합니다.

그렇다면 이런 아이디어는 어떤가요? 냉동실을 하나 분리해서 음식물 쓰레기 전용칸으로 사용할 수 있게 해주는 거죠. 기왕이면 아래쪽에 만들면 더 편리할 것 같군요. 이 또한 어르신들 눈에는 마땅치 않을 겁니다. 그때그때 치울 것이지 게으르게 음식물 쓰레기를 집 안에 놓고 있다고 힐난할 장면이 눈에 선하군요. 하지만 싱글들의 생활을 관찰하고 그들이 얼마나 힘들게 살고 있는지 이해한다면 힐난만 할 수는 없을 것 같습니다.

다름은 틀림이 아니다

농담 반 진담 반으로 음식물 쓰레기 전용 냉동고를 이야기했지만, 아예 불가능한 상상은 아닙니다. 누군가의 행위에 대해 내 잣대만으로 옳고 그른지 단정하는 자세로는 결코 사람들의 마음을 살 수 없습니다. 자칫 잘못하면 '나와 다른 대상'에 대해 틀리다고 단정하고, 그들에 대한 배려가 적어질 수 있습니다.

한국 사람들은 농경사회에서 서로 부대끼며 살아왔기에 서로의 끈끈함이 생존에 필수적이었습니다. 그러다 보니 '우리'라고 생각되는 무리끼리는 잘 뭉치는 반면, 외부에서 온 타인 또는 나와 생각이 다른 사람에게는 상대적으로 야박한 모습을 보이기

십상인 것도 사실입니다.

예전에 오른손을 '바른손'이라 하던 관행은 왼손이 바르지 못함을 암시하는 것이었습니다. 무심코 쓰는 '우리와 틀려'라는 말은 '우리와 달라'라는 말을 잘못 표현한 것을 넘어 '다름은 옳지 않다'는 생각을 은연중 내비칩니다.

그러나 현실에 정답이 단 하나만 있는 상황은 많지 않으며, 더욱이 옳고 그른 것은 맥락과 입장을 제거하고서 판단할 수 있는 문제가 아닙니다. 그런 점에서 최근 많은 기업이 소비자에게 저마다의 라이프스타일을 제안하고 있지만, 이것이 '내 말을 들어(=내 것을 사)'라는 강요는 아닌지 다시 생각해볼 일입니다. 고객을 가르치는 회사는 결코 성공할 수 없습니다.

휴대폰 회사는 소비자에게 '우리 제품으로 전화도 걸고 메시지도 보내고 채팅도 하고 동영상도 보고 검색도 하고 길도 찾고 음악도 듣고 메일도 쓰라'고 하지만, 사람들은 기업이 시키는 대로 하지 않습니다. 업무는 PC로 하고, 동영상을 볼 때는 태블릿 PC를 이용하며, 스마트폰은 문자메시지 등 글자로 소통할 때 주로 사용합니다. 즉 기업이 제안하는 대로 하나의 제품에 담긴 수많은 기능을 모두 활용해 멀티태스킹하는 것이 아니라, 디지털 디바이스들을 각각의 핵심적인 기능 하나로 인식합니다. 그 기준은 '자기 마음대로'입니다. 그러니 이렇게 저렇게 쓰라고 선불리 재단하지 말고 그들이 사용하는 모습을 관찰하고 그 흐름에 맞는 기능을 자연스럽게 얹어주면 어떨까요. 앞에서 말했듯이, 이미 벌어지고 있는 현상에 대한 금기를 깨는 것보다 쉬운 마케팅은 없습니다. 그리고 금기를 깬다는 것은 곧 내가 가진 기존의 관점을 버리고 사람들의 다양한 모습을 있는 그대로 받아들인다는 뜻입니다.

다양성에 관한 이해와 배려는 방송 프로그램의 단골 포맷인 '외국인의 시선'을 통해 쉽게 확인할 수 있습니다.

한국인은 유독 외부의 시선에 민감합니다. 반도半島라는 지정학적 특성과 강대국 사이에서 생존해온 습성 때문일 텐데, 그래서 외국인만 보면 '두유 노우 김치?' 혹은 '두유 노우 불고기?'를 묻습니다. 2012년 이후에는 '두유 노우 싸이?'라는 질문이 추가되었죠. 그러고는 안다고 하면 매우 기뻐하고 고마워합니다. 일부의 비판처럼 한국인이 자존감이 낮아서인지는 몰라도, 교역 규모가 1조 달러가 넘어 세계 7위라는 위상은 아직은 스스로에게 자긍심을 갖게 하는 데 부족한가 봅니다.[34] (한편으로는 세계에서 일본을 무시하는 유일한 나라이자 중국을 우습게 보는 유일한 나라가 바로 한국이라는데, 과연 그 배짱은 어디서 나온 것인지 의아하기도 합니다.)

그렇다면 거꾸로 생각해보죠. 한국에 지금 170만 명 이상의 외국인이 거주하고 있다고 하는데, 그들을 우리가 얼마나 이해하고 있을까요?

이를 잘 보여주는 프로그램이 JTBC의 〈비정상회담〉이었습니다. 세계 12개국에서 온 젊은 남자들이 나와서 유창한 한국어로 그들의 생각을 말하는 이 프로그램이 인기를 끌었던 데는 물론 잘생긴 이방인이라는 점이 한몫 단단히 했겠지만, 이 땅에서 나고 자란 주류 한국인이 아니라 방문자들의 눈을 통해 우리의 삶을 바라보고, 아울러 한국에서 사는 그들의 삶을 이해하고자 하는 참신한 시도도 큰 몫을 했습니다. 여기서 '비정상'이라는 것은 주지하다시피 정상이 아니라는 뜻도 있지만 주류가 아니라는 뜻의 중의적 표현이죠.

〈비정상회담〉의 주요 흐름은 '크리스마스'나 '방학' 같은 일상생활의 키워드가 국가별로 어떻게 다르게 인식되는지 보는 것과, '여성의 경력 유지'와 같은 한국인들의 문제를 놓고 국가별로 어떤 해결책이 제시되는지 보는 것 두 가지로 구성되었습니다. 이미 눈치 챘겠지만, '다름'에 대한 이해를 구하고자 하는 것입니다.

기술발달과 탈냉전 등의 이유로 대륙을 넘나드는 이동이 빈번해졌습니다. 그러나 관념이나 사상, 문화나 관습이 이동하는 것은 쉬운 일이 아니어서, 자칫 잘못하면 교류가 아닌 충돌이 일어나고 폭력성을 띨 수 있습니다. 이는 양측의 신념이 다르기 때문인데, 문제는 다름이 '틀림'이 아님에도 수천 년간 인식해온 '나에게 당연한 것'에 반하는 것을 대할 때 우리는 썩은 고기나 더러운 것을 보듯이 반사적 혐오를 가진다는 것입니다. 더러운 것을 보고 느끼는 거부감이야 우리 조상이 위생적인 환경을 좋음으로써 생존 확률을 높이기 위한 진화의 산물이라 이해할 수 있지만, 다른 문화에 대한 혐오의 문제는 상대에 대한 차별로 이어져 인종과 종교를 비롯한 비주류에 대한 폭력으로 귀결될 수 있습니다.

그뿐 아니라 경제 시스템의 개방이 가속화되어 이제 전 세계 시장을 하나로 묶어나가는 속도가 더욱 빨라지고 있습니다. 자동차와 휴대폰의 세계시장 성공사례뿐 아니라 '직구' 열풍과 알리바바의 미국 증시 상장, 핀테크에 온 세계의 이목이 집중되는 사례에서 보듯이, 이제 국가의 경계를 넘어 하나의 시장이 되어가고 있습니다. 세상이 이럴진대 다름에 대한 이해가 부족하다면 생존 자체가 어려워지지 않을까요. 바이러스가 퍼진다면 비균질한 집단heterogeneous보다 균질화된 집단homogeneous이 훨씬 더 큰 타격을 받습니다. 반대로 전자는 위기에 대응할 해결책을 더욱 다양하게 찾을 수 있으며 창조적인 사고와 실행력 또한 높습니다.

더욱이 오늘날의 소비자들은 주류의 의견을 무비판적으로 좇는 것을 후지다고 생각합니다. 아무리 뛰어난 제품이라고 사람들이 말해도 내게 편안하지 않으면 선택하지 않죠. 제품 그 자체의 사용법이 쉽다는 것보다는 '내가 사용하기에' 편해야 합니다. 몇 년 전까지 소소한 기쁨을 주던 '홈메이드'도 이제는 귀찮아합니다. 힘든 건 다 싫기 때문에 요리에 대한 로망도 한풀 꺾인 형국입니다. 편안함이 대세가 되니 패셔니스타들은 차린 듯 차리지 않은 듯 멋을 부린 '놈코어normcore, normal+hardcore'를 선보입니다. 편안함이 고급스러움을 능가하는 세련미로 인식되기도 합니다. '미친 듯이 심플'해야 먹어주는 세상입니다.

이는 우리 사회 변화와도 연관해서 생각해볼 수 있습니다. 예전 어머니가 차곡차곡 돈을 모아 큰 맘 먹고 구입한 냉장고에는 커다란 장미 문양이 있었습니다. 지금은 시스템키친을 넘어 찬장 어딘가를 열면 마술처럼 냉장고가 나오는 빌트인으로 진화했지요. 소유가 한정되어 결핍이 있던 시절에는 물건 하나 산 것이 너무나 자랑스러워, 전체의 조화를 생각하기보다는 그 물건을 돋보이게 보여주고 싶어 했습니다. 그러나 이제 소득이 3만 달러가 넘어가 물건 하나의 소유보다 나의 취향이 더욱 중요한 사회로 진화하며 전체의 조화를 고민하는 삶으로 바뀌고 있습니다.

이처럼 요즈음 한국 사회에서는 개인의 취향, 사적 대중화가 더욱 쿨한 이미지로 인식되고 있습니다. 이 말은 곧 기업 혹은 몇몇 트렌드세터가 주도하던 주류의 취향이 수많은 비주류들의 서로 다른 취향으로 흩어지고 있다는 뜻이기도 합니다. 2012년만 해도 '유행'이란 단어에 가장 많이 따라 나오는 서술어는 '민감하다'였습니다. 유행은 민감하게 감지하고 따르는 것이었는데, 이것이 2년 만에 바뀌었습니다. '민감하다'는 말 못지않게 '조심하다'는 표현을 쓰기 시작한 거죠.

이제 유행은 얼른 알아차려서 따라 해야 하는 것이 아니라, 가까워지지 않도록 조심해야 하는 것이 되었습니다. 너무 유행을 좇으면 촌스러워 보이기에 오히려 유행을 거부하는 게 유행이 되었습니다. 주류를 따르지 않는 것이 쿨한 이미지로 느껴지는 것으로, 나만의 취향이 나의 존재에 대한 설명으로 차용된다고 믿는 겁니다.

이러한 움직임은 전체 시장을 하나로 보고 대량생산하는 시스템을 무용하게 만듭니다. 특히 전 세계의 상품이 개인에게 직접 구매되는 직구는 FTA의 발효와 더불어 우리에게 거의 무한대의 선택지를 주게 되었고, 각자의 취향이 현실화될 수 있는 상황은 개념미술가 바버라 크루거Barbara Kruger의 1987년 작품 〈나는 소비한다, 고로 존재한다I shop, therefore I am〉에서와 같이 자신이 원하는 것을 고르는 것이 자신을 표현하는 것이라는 자아 표현의 욕구로 승화되고 있습니다.

　대기업으로서는 결코 반갑지 않은 트렌드인지도 모르겠군요. 대기업은 규모의 경제를 추구하는데 소비자는 그게 싫다며 편안함을 주는, 살가운 접근을 해달라니 말입니다. 이제 사람들은 자신의 취향에 적당히 맞춰주는 정도로는 만족하지 못하고 100% 부합하기를 원합니다. '취향저격'이라는 격정적인 표현이 이를 단적으로 드러냅니다. 이 표현의 기저에는 남들의 눈보다 자신이 중요하게 생각하는 것에 대한 확신과 주체적 자신감이 담겨 있습니다. 이미 나올 상품은 다 나온 과잉 공급의 시대에, 우리 앞에 놓인 선택지와 정보는 무수히 많습니다. 편의점이나 카페에서 파는 물 하나도 원산지, 기능, 디자인 등에 따라 극도로 세분화되고 있습니다. 이처럼 많은 정보를 바탕으로 사람들은 자신의 생각을 행동으로 옮깁니다. 물론 선택의 중심은 나, 그리고 나의 취향입니다. 내게 맞는 것에는 과하다 싶은 만큼의 소비도 서슴지 않고, '오타쿠'라는 오명에도 굴하지 않습니다. 이런 추세가 대세가 되어서 요즘의 '덕후'는 부정적인 의미로만 쓰이지도 않습니다. 남자 연예인들이 '덕후'를 자처하며 애장해둔 피규어를 자랑하는 세상입니다. 어른다워야 한다는 의무에서 벗어나 취향이라는 권리를 주장할 수 있게 된 겁니다.

이러한 세상에서 기업으로서는 소비 주체를 이해하는 것이 무엇보다 중요해지고 있으며, 특히 옳고 그르다는 관점이 아닌 '다름'의 관점이 중요해졌습니다. 비즈니스는 공급자가 팔고자 하는 것을 제공하는 것이 아니라 수요자인 사회 구성원들이 원하는 것을 제공하는 것이죠. 사업을 시작하기 전, 사람들이 원하는 것이 무엇인지 깊게 고민해보고 그 '욕망' 하나하나에 대해 진지하고 성실하게 '가치'를 제공하는 것이 성공의 전제조건이 겠죠.

지금까지 '양산量産 가능한가?'라는 질문을 입에 달고 살던 기업들이 수많은 소비자를 개별적으로 배려하기가 쉽지는 않을 것 같습니다. 배려는 한 사람 한 사람에 특화된 행위인데, 비즈니스는 정형화된 모델이 있어야 하니까요. 특히 시장점유율이 큰 기업에는 어려운 이야기죠.

이것이 가능하려면 우선 다름을 인정하는 겸손함이 필요할 것 같습니다. 사람들을 배려하기 전에, 상대방을 있는 그대로 겸허하게 바라보는 것부터 연습해야 합니다. 또 우리 제품이 모든 고민을 다 없애주겠다는 것이 아니라 '내가 이것만큼은 할게'라고 작게 접근하는 것도 겸손의 자세가 될 수 있습니다. 경쟁자를 경쟁자로만 보지 말고 '저들은 저 역할을 하고 있으니, 나는 이것을 하겠다'고 서로의 역할을 인정하는 것 또한 마찬가지입니다.

이는 자기 신념이 확고해야 가능한 일입니다. '천객만래千客萬來' 를 추구하는 마음이 있어야 합니다. 중국음식점에 가면 자주 보이는 이 글귀는 1000명의 고객이 만 번 오면 망하지 않는다는 뜻입니다. 대상을 관찰하고 이해하고 배려하면 천객만래가 됩니다. 이렇게 만들어진 나의 팬이 1000명만 있어도 먹고 삽니다. 그들이 만 번 오니까요.

그런데 우리는 자꾸 만객일래, 만 명에게 한 번 파는 것만 생각합니다. 들판의 메뚜기 떼처럼, 시장을 한 번 휩쓸고 가버릴 생각만 합니다. 가장 흔한 방식이 이른바 협박 마케팅입니다. 환율이 어쩌고 경기전망이 저쩌고 하며 실컷 고객을 협박해놓고 마지막에 보험상품 가입안내서를 슥 내미는 거죠. 이대로 가면 여러분 자녀는 꼴찌를 면치 못한다고 겁을 줘서 학원에 등록시키고 교재를 팝니다.

들을 때는 겁이 나서 얼른 지갑을 열지만 집에 와서 생각해보니 '호갱'이 된 나 스스로에게 화가 납니다. 그렇다고 환불을 받기는 애매하니 그 대신 주변 사람들에게 (당연히 좋지 않은) 소문을 냅니다. 그게 아니라 고객을 위해 차라리 경쟁사의 제품을 권하는 용기가 필요합니다.

배려 없는 비즈니스는 한 번 팔 수 있을 뿐입니다. 반면 배려하는 비즈니스는 수백 번, 수만 번 팔 수 있습니다. 아무리 큰 기업이라도 동네에서 우동집 하는 것처럼 단골이 매일 오는 구조를 만들어야 합니다. 사람에게는 평생 이어지는 라이프스타일이 있기에, 한 번 마음을 얻으면 그 관계는 평생 갈 수 있습니다.

천객만래(千客萬來).
1000명의 고객이 만 번 오면
실패하지 않는다.
대상을 관찰하고 이해하고 배려하면
천객만래가 된다.

위한답시고 말하지 말라

사랑하는 딸이 중학생이던 어느 날, 방학맞이 일탈을 하느라 제가 출근할 때까지 이불에서 나오지 않고 있었습니다. 부모로서 제가 딸에게 했던 첫마디는 이것이었습니다.

"학원 안 가니?"

오전 9시에 학원 수업이 시작되는데 그러고 있으니 제 딴엔 속이 타서 튀어나왔겠죠. 대답이 없자 두 번째에는 좀 더 세고 (치사한) 질문을 던졌습니다. "너 그 학원이 얼마인 줄 알아?"

그 뒤의 대화는 으레 이렇게 이어집니다. 한 달 학원비를 총수업시간으로 나누어 시간당 수업료를 산출한 다음 '네가 한 번 빠질 때마다 5만 원'이라는 식으로 구체적인 압박을 하고, 그래도 꿈쩍하지 않자 당시 최저임금인 시간당 5580원을 들먹이며 하루 8시간 알바를 뛰어도 그 돈을 못 번다는 둥의 논리를 앞세운 막말을 쏟아내기도 합니다. 그래도 안 되면 대개 '가든 말든 네 맘대로 해'까지 내뱉고 나서 거칠게 방문을 확 닫는 것으로 끝나곤 하죠.

이런 대화가 몇 번만 오가면 아무리 사이좋은 부녀관계도 결딴나는 건 시간문제입니다.

저는 왜 딸에게 상처 받을 말을 했을까요? 학원에 가는 게 어떤 의미인지 딸이 모르고 있다고 생각했기 때문입니다. 아마 다른 부모들도 비슷한 마음에 잔소리를 할 것 같은데요.

그러나 아시는지요? 아이들도 자신이 학원에 가야 한다는 것을 모르지 않습니다. 청소년의 우울증에 관한 논문을 보면, 아이들은 부모가 학원에 쓰는 돈과 노고에 대해 충분히 인식하고 있고 심지어 미안해하는 것으로 나타납니다. 그들이 느끼는 책임감과 부채감은 결코 작지 않았습니다. 자신과 부모의 관계는 일종의 채무자와 채권자의 관계라고 생각할 정도입니다.[35] 다만 '나도 알고 있다'고 말하지 않을 뿐입니다. 부모들이 지레짐작 오해하듯이, 잔소리한다고 짜증나서 반항하는 게 아니라는 것이죠.

배려라는 것은 상대의 마음을 헤아리는 것입니다. '역지사지易

地思之'의 미덕에 대해 숱하게 들었지만, 실상 살면서 상대방의 입장을 미처 헤아리지 못하는 경우는 무척 많습니다. 그러다 보니 좋은 뜻으로 한 행동이 상대방에게 비수가 되어 꽂힐 때도 적지 않습니다.

해마다 어김없이 찾아오는 명절에는 듣기 싫은 말들로 넘쳐납니다. 어느 취업포털 사이트가 조사한 바에 따르면 학생들이 명절에 듣기 싫은 말 1위는 '취업은 했니?'라고 합니다. 그다음으로는 '앞으로 계획이 뭐야? 어떻게 살래?', '누구는 좋은 회사 들어갔다더라', '그냥 아무 데나 취업해' 등이 뒤를 이었습니다. 듣기만 해도 답답해지고 짜증이 나는군요.

문제는 이 학생이 취업에 성공하더라도 듣기 싫은 말이 멈추지 않는다는 겁니다. 이번에는 직장인들이 듣기 싫은 말을 볼까요. 1위는 '결혼 안 해?'이고, 그다음으로는 '누구는 연봉이 엄청 높다더라', '연봉은 얼마니?', '돈은 많이 모았니?'가 자리 잡고 있습니다. 그리고 우리 모두 예상하듯이 결혼한 뒤에는 곧바로 '애는 안 낳니?'가 따라올 테죠. 죽는 날까지 끝나지 않을 불편한 관심이 우리를 공격해올 것을 우리는 알고 있습니다.

이런 일이 늘 벌어지다 보니 포털사이트에 '듣기 싫은 말'을 입력하면 추천 검색어들이 주르륵 뜹니다. '고3 추석 때 듣기 싫은 말', '고등학생 설날 가장 듣기 싫은 말', '기혼남성 가장 듣기 싫은 말', '기혼남성 주말 듣기 싫은 말' 등 대상과 상황이 조합된 수많은 듣기 싫은 말들이 넘쳐납니다. 심지어 '욕은 아닌데 듣기 싫은 말'이라는 글도 있습니다. '결혼 언제 할 거니?', '직장 언제 구할 거니?', '공부는 언제 할 거니?', '좋은 대학 가려면 공부해야지 학원 안 가니?', '성적이 이게 뭐니?', '이래서 대학 갈 수 있겠니?', '방 치워라', '학원 안 가니?' 등, 여러분도 어렸을 때부터 숱하게 들어왔고, 듣는 순간 바로 짜증이 올라오는 말들이 가득 딸려 올라옵니다.

그런데 알고 계십니까? 그런 말을 들으며 짜증내던 우리가 어느덧 가해자가 되어 그 말을 좀 더 어린 사람들에게 아무렇지도 않게 내뱉고 있다는 사실을 말입니다.

왜 우리는 상대를 괴롭히는 이런 말을 '관심'이라 부르며 주고받고 있을까요? 오랜만에 만난 조카에게 평소에는 관심이 없었기에, 그러나 나름의 애정은 있다고 믿기에 관심을 보이고 싶어 지극히 기초적인 질문을 던지는 것입니다. 이런 섣부른 애정이 앞의 이야기와 같은 재앙을 불러일으킵니다. 상대방이 처한 상황을 어림짐작하고 이제 사회에 나갈 시간이 되었으니 당연히 준비하고 있는지 물어보는 서툰 관심과 호의가 상대방에게 듣기 싫은 말이 되는 '선한 엇갈림'을 낳습니다.

이런 엇갈림은 사회 어디에나 팽배해 있습니다. 이것을 우리는 흔히 '꼰대짓'이라 하죠. 꼰대짓이라 하면 머릿속에 어떤 장면이 떠오르나요? 사람들에게 물어보면 많은 이들이 학창시절 겪은 '교장선생님 훈화말씀'을 떠올리더군요. 1000명을 세워놓고 교장선생님은 35년째 해오던 똑같은 말씀을 합니다. 학생들은 유체이탈한 지 오래인데 혼자만 그 사실을 모른 채 계속 떠듭니다.

그뿐인가요. 회식자리에서 김 대리에게 직장생활의 비법이랄까 하는 것을 전수해주려는 술 취한 부장님의 반복되는 이야기나, 초등학교를 졸업한 지 수십 년인데 마치 교장선생님의 훈화처럼 끝없이 계속되는 회장님의 연설, 그리고 매출이 떨어질 때마다 주말 산행과 해병대 캠프로 향하는 영업 전진대회 등은 모두 이런 엇갈림을 만들어냅니다. 이 경우에는 '선한'이라는 말을 붙이기도 무섭군요.

물론 직원들에게 피가 되고 살이 되는 좋은 말씀을 해주려는 의도일 겁니다. 하지만 상대방은 죽을 맛인데요? 아무리 좋은 의도로 말한다 해도 듣는 사람이 잔소리로 인식한다면 그것은 폭력이 됩니다. 좋은 의도라 해도 좋은 결과를 낳지 못한다면 결코 좋은 의도였다고 변명할 수 없습니다.

특히 위계가 있는 관계에서는 윗사람이 아랫사람의 지적 역량을 믿지 않는 경향이 있습니다. 신입사원이 무슨 말을 하면 상사에게서 '웃기지 마, 네가 뭘 안다고' 하는 반응이 조건반사처럼 튀어나옵니다. 집에서는 부모가 자녀에게 이렇게 합니다.

그러나 잊지 마십시오. 상대방도 압니다. 그가 말하지 않는 이유는 몰라서가 아닙니다. 그러니 상대방을 위한답시고 얘기해서는 안 됩니다. 그가 보고 있는 것에 나의 염려와 배려를 얹어야지, 그가 모를 것이라 가정하고 함부로 얘기하면 안 됩니다. 어떤 문제에 대해 가장 많이 고민하는 사람은 바로 당사자 아닌가요. 주변의 많은 염려와 걱정은 실질적인 대안과 함께 제시된 게 아니라면 하등 도움이 되지 않습니다. 오히려 모처럼의 명절을 즐기지 못하도록 훼방을 놓을 뿐이죠. 진정으로 상대방을 위한다면 한 발자국 뒤에서 조용히 응원을 보내주는 것이 좋습니다.

섣부른 상상과 섣부른 관찰과 섣부른 배려는 선한 엇갈림을 낳습니다. 상대가 생각을 갖고 있고, 그 생각이 나보다 깊을 수 있다는 사실을 잊지 마시기 바랍니다. 직급의 높고 낮음과 나이의 많고 적음이 결코 우열을 가르는 기준이 될 수 없습니다. 그가 지능과 지성을 가지고 있기에, 그리고 그의 진심이 우리의 발전에 보탬이 될 수 있음을 알기에 그를 응원하는 따뜻한 배려를 그의 입장에서 펼쳐주면 좋겠습니다.

마지막으로, 책을 마치기 전에 '제대로 관찰하고 배려하는 법'에 관해 소소한 팁 하나를 드릴까 합니다.

여러분의 자녀가 학교에서 돌아왔을 때의 표정을 본 적 있는지요? 길거리에서 마주치는 수많은 아이들의 표정에서는 아무것도 못 읽는 사람도, 자기 아이 얼굴에서 언뜻 스치는 미묘한 표정 변화는 귀신같이 포착합니다.

애정이 있기 때문입니다.

마찬가지로 물건을 팔고 싶으면 그것을 살 사람들에게 애정이 있어야 합니다. 그래야 그들의 표정을 읽을 수 있습니다. 기다렸다는 듯이 사는지, 마음에 안 들지만 대안이 없어서 할 수 없이 사는지, 아무 생각 없이 심부름만 하는 건지… 이러한 차이를 읽을 수 있어야 그들이 원하는 것을 줄 수 있습니다.

비즈니스란 결국 가치를 만드는 것이고, 가치를 만들려면 이것을 사용하는 사람에 대한 애정을 갖고 고민해야 합니다. 애정이 있으면 고민하게 되고, 고민하면 이해하고, 이해하면 배려할 수 있습니다. 배려를 받은 사람은 만족할 것이고, 만족하면 사랑하게 됩니다. 20여 년 동안 일하며 제가 깨달은 가치의 선순환은 이것입니다.

반대로 애정이 없으면 고민을 안 합니다. 사람은 누구나 다 그렇습니다.

그러니 일로 성공하고 싶다면 좋아하는 일을 해야 합니다. 좋아하는 일을 하면 시키지 않아도 미친 듯이 합니다. 날이 갈수록 경쟁이 치열해지는 것이 지금의 사회라면, 앞으로는 전 세계가 유기적으로 연결됨에 따라 세계 1등이 모든 것을 가지는 승자독식의 구조로 더욱 변화할 겁니다. 그러므로 좋아하는 일을 해야 그나마 승산이 있습니다. 좋아하지 않는 일을 하면 잘할 이유를 못 찾고 대충 할 테니 전망이 없습니다.

저는 그래서 애정이 있는 사람이 비즈니스를 해야 한다고 말합니다. 자기 일에 대한 애정과, 내 결과물을 향유할 사람들에 대한 애정 둘 다 있어야 합니다. 강연을 할 때 저는 청중들에게 하기 싫은 일을 하고 있다면 빨리 그만두라고 말합니다. 이 일을 하고 있지만 내 고객이 싫다, 일은 싫지만 급여가 좋으니까 한다는 사람들은 특히 그렇습니다. 자신의 꿈을 찾으라는 자기계발적 교훈을 설파하는 게 아니라, 어차피 현실적으로 안 될 터이니 하지 말라는 겁니다. 성공할 수가 없어요. 경쟁자는 혼신의 힘을 다하는데 여러분의 제품에는 혼이 담기지 않았다면 어떻게 성공하겠습니까. 사람들은 그 차이를 다 압니다. 애정이 있어야 승산이 생깁니다.

데이터가 의미 있어지는 지점은 여러분의 애정 위에 데이터가 더해질 때입니다. 그런 의미에서 저는 계속 마이닝 마인즈를 설파합니다. 데이터는 마음이 없습니다. 마음을 읽는 것은 사람, 바로 여러분과 제가 할 일입니다. 마음을 읽을 수 있으면 이해할 수 있고, 이해할 수 있으면 배려할 수 있습니다. 어떻게 상대방이 원하는 것을 줄지 고민하고 상상할 수 있게 됩니다. 그럼으로써 나의 팬이 생기고, 내 인생이 일을 통해 의미를 찾게 됩니다.

이 모든 것은 사람을 보는 우리의 마음과 눈, 심안心眼에서 시작됩니다. '호모 사피엔스 사피엔스'라 불리는 현 인류는, 두 번이나 슬기로운 사람이란 뜻입니다. 이렇듯 지혜가 가득한 인간이라면, 데이터 그 자체에 묻히지 않고 그 안에서 인간만이 건져낼 수 있는 지혜를 찾아내야 하지 않을까요.

관찰하라,
관찰하라,
관찰하라

그리고 상상하라

주

본문 내용의 일부는 〈중앙일보〉, 〈머니투데이〉, 〈포춘코리아〉를 비롯해 다양한 매체에 기고한 글들을 바탕으로 하고 있다. 그 밖의 자료 출처는 다음과 같다.

1. 스티븐 레빗·스티븐 더브너, 《괴짜경제학》, 웅진지식하우스, 2005, pp.18-21.

2. 트위터의 사용자 수 발표 자료(2015년 2월 공식 홈페이지 기재 내용 기준). 한국어 자료는 소셜메트릭스some.co.kr 자체 집계, 2014년 기준.

3. 한국경제신문, "'리모컨 든 아내·눈치 보는 남편'… 명절 직후 홈쇼핑에 명품백 등장한 이유", 2015.02.20.

   연합뉴스, "'더는 못 참아…갈라서!' 명절 後 이혼 급증", 2013.09.11.

4. SK Telecom, 스피드011 TV광고, 1998. (https://www.youtube.com/

watch?v=yhUjLawrz7E)

5. 전중환,《오래된 연장통》, 사이언스북스, 2010.

6. 다이소 홈페이지 참조(2015년 2월 기재 내용 기준).

7. 조선일보, "'미안하다, 나도 좀 살자' 남편들의 비밀계좌 '멍텅구리 통장' 아십니까", 2015.01.16.

8. 연합뉴스, "장기불황에도 아웃도어 시장, 3년 만에 2배 성장", 2014.10.02.

9. 주간동아, "[물리학자 김범준의 이색 연구 16] 뇌가 연결된 세상 '마음'도 이어지면 안 되겠니?", 2014.09.22.

10. 경향신문, "대한민국은 '커피공화국'이다", 2010.04.27.

11. 아시아경제, "최경환, '제조업 1년차·30년차 임금격차 獨 1.9배… 韓 3.1 배 달해'", 2014.12.22.

12. 김세직, 〈경제성장과 교육의 공정경쟁〉, 서울대학교경제연구소 경제논집 53권 1호, 2014.

13. 통계청, 인구동향조사.

14. 고용노동부, 〈안정적인 노후 준비와 퇴직급여 설문조사〉, 2014. (머니투데이, "직장인 60% 퇴직 전에 퇴직급여 수령… 절반은 후회", 2014.07.16. 에서 재인용)

15. Edward Gresser, "World chicken egg output: 1.1 trillion per year", Progressive Economy, 2012.06.20.

16. Carl Benedikt Frey·Michael A. Osborne, 〈The Future of Employment〉, University of Oxford, 2013.09.

17. 한국경제, "'비상시국' 선언한 병원장들 '낮은 의료수가로 도산위기'",

2014.11.12.

18. http://ko.wikipedia.org/wiki/1960%EB%85%84 (2014년 2월 검색 기준)

19. 피터 매캘리스터, 《남성퇴화보고서》, 21세기북스, 2012.05.

20. 통계청, 경제활동인구조사.

21. 김춘진, 〈대한민국 고독사의 현주소와 미래〉, 국정감사정책자료집, 2014.

22. USA TODAY, "UA study: Divorce can raise risk of early death", 2012.01.10.

23. 소셜메트릭스.

24. 연합뉴스, "방한 유커 600만 시대…20~30대·쇼핑방문 많았다", 2015.01.23.

25. 한국관광공사, 1984-2017년 출입국 국가별 월별통계.

26. M이코노미뉴스, "현경연 'BTS 유발 경제 효과, 연평균 4.1조'", 2018.12.18.

27. The Washington Post, "Google crunches data on munching in office", 2013.09.01.

28. 토마 피케티, 《21세기 자본》, 글항아리, 2014.09.

29. 그러나 그다음 선거에서는 예측에 실패했다고 한다. 아쉽다.

30. 경향신문, "명절 스트레스로 추석 뒤 이혼상담 부쩍", 2014.09.18.

31. 서울신문, "결혼 안 하는 일본인… 男 4명 중 한 명 미혼", 2017.04.06.

32. 진재현·고혜연, 〈OECD 국가와 비교한 한국의 인구집단별 자살률 동향

과 정책 제언〉, 보건복지포럼 195호, 2013.

33. 매일경제, "이산해·류성룡은 공신잔치에 불참했다", 2015.01.06.

34. 매일경제, "세상을 바꾸는 세계 1등 한국 상품", 2015.02.06.

35. 한상철,《청소년문제행동: 심리학적 접근》, 학지사, 2003, pp.74-83.